筑梦青春 逐光而行

生涯规划与成长指引手册

主　编　彭　盛
副主编　杨冰瑶

七年级
生涯唤醒与适应

華南理工大學出版社
SOUTH CHINA UNIVERSITY OF TECHNOLOGY PRESS
·广州·

图书在版编目（CIP）数据

筑梦青春，逐光而行：生涯规划与成长指引手册. 七年级　生涯唤醒与适应 / 彭盛主编. --广州：华南理工大学出版社，2024. 9. --ISBN 978-7-5623-7778-8

Ⅰ. G633. 933

中国版本图书馆 CIP 数据核字第 202407NB72 号

Zhumeng Qingchun，Zhuguang Er Xing——Shengya Guihua Yu Chengzhang Zhiyin Shouce：Qinianji Shengya Huanxing Yu Shiying

筑梦青春，逐光而行——生涯规划与成长指引手册：七年级　生涯唤醒与适应

彭　盛　主编

出 版 人：柯　宁

出版发行：华南理工大学出版社

（广州五山华南理工大学 17 号楼，邮编 510640）

http: //www. scutpress.com.cn　　E-mail: scutc13@ scut.edu.cn

营销部电话：020-87113487　87111048（传真）

策划编辑：吴翠微

责任编辑：欧建岸

责任校对：王洪霞

印 刷 者：广州小明数码印刷有限公司

开　　本：787mm × 1092mm　1/16　总印张：12.75　总字数：208 千

版　　次：2024 年 9 月第 1 版　印次：2024 年 9 月第 1 次印刷

定　　价：69.00 元（共 3 册）

编委会

主　编：彭　盛

副主编：杨冰瑶

编　委：陈　瑜　张祺君

郑兹滨

前言

青少年承载着无限的潜能和可能性。如何引导他们学会规划未来的人生道路，实现自我价值，是教育的重要任务之一。中学时期是一个人认识自我、探索自我和提升自我的关键阶段。加强中学生生涯规划指导，为他们指明成长成才的方向，是人才培养的关键一步。

为帮助学生了解自我、认识社会、明确目标，更好地应对未来社会对人才的需求，我们精心编写了这套《筑梦青春，逐光而行——生涯规划与成长指引手册》，旨在为中学生提供一套实用的生涯规划指南，助力他们在成长的道路上更加自信地前行。

这套手册分为三册，每册针对不同年级学生的心理特点和成长需求，科学地设计了不同的课题和实践活动。

第一册《七年级　生涯唤醒与适应》供七年级学生使用，旨在唤醒学生的生涯意识，引导他们认识自我、了解社会，帮助他们适应中学生活。通过对性格探索、时间管理、目标设定、师生关系和同伴关系处理等内容的学习，学生将初步认识到生涯规划的重要性，并开始思考自己的未来方向。

第二册《八年级　生涯探索与实践》供八年级学生使用，旨在进一步引导学生深入探索自我，挖掘自己的潜能、兴趣和明确职业倾向，增强其对职业世界的认识和理解。通过学会管理情绪、加强与家人和社会的沟通等内容，学生可以为未来的职业探索做好充分准备；通过体验兴趣职业、探索职业信息等实践活动，学生初步接触社会，了解

不同职业的特点和要求，为未来的职业规划打下坚实基础。

第三册《九年级　生涯管理与规划》供九年级学生使用，旨在引导学生明确自己的职业目标和人生方向，制定切实可行的生涯规划方案。在这一阶段，学生将学习如何根据自身特点和市场需求进行职业选择，以及如何在实践中不断完善自己的生涯规划。通过了解价值观与选择、认识性别角色等内容，学生将更进一步掌握生涯管理的方法和技巧。

在编写这套手册的过程中，我们注重理论与实践相结合、知识性与趣味性并重，强调以学生的兴趣为出发点。每一课都分为五个板块，学生可从“生涯寄语”的名人名言中汲取力量，从“生涯故事”的名人案例、趣味故事中感悟人生，从“生涯导航”的知识海洋中汲取养分，从“生涯体验”的实践活动中锻炼能力，最后在“生涯拓展”的知识推荐中拓宽视野。五个板块相辅相成，共同构成学生成长的阶梯。

本套手册不仅是一部为青春导航的指南，更是一次关于青春、梦想和成长的深度对话，它将陪伴学生度过初中三年的美好时光，助力学生在每一次的探索与实践中发现自己的潜能，让学生描绘出属于自己人生的精彩画卷。

同学们，怀揣着对梦想的热爱与执着，在未来的道路上勇往直前、逐光而行，直至理想的彼岸吧！

目录 CONTENTS

1 性格万花筒

生涯寄语

一个人的性格决定他的际遇。如果你喜欢保持你的性格，那么，你就无权拒绝你的际遇。

——[法]罗曼·罗兰

思考？

性格对我们的人生发展有很大的影响，那么我们可以如何发挥自己的性格优势呢？

生涯故事

"三无"科学家屠呦呦

1967年，代号"523"的特殊任务悄然开始，其研究指向防治疟疾新药。时任组长屠呦呦在几年时间里，阅读大量中医典籍、查阅群众献方、请教老中医专家。初期屡战屡败，脾气倔强的屠呦呦表示："重新埋下头去，看医书！"她又开始翻书。她在《肘后备急方》中获得灵感，采用乙醚提取青蒿素，并最终获得成功。

为了不错过当年的临床观察季节，屠呦呦向领导提交了志愿试药报告，并郑重提出：“我是组长，我有责任第一个试药！”1972 年 7 月，屠呦呦等 3 名科研人员成为首批人体试验的志愿者。

青蒿素类药物在被成功研制出来后，造福了全球，青蒿素被誉为“东方神药”。因此，屠呦呦也荣获两个国际大奖：2011 年拉斯克临床医学奖和 2015 年诺贝尔生理或医学奖。

由于没有博士学位、留洋背景和院士头衔，屠呦呦被媒体报道为“三无”科学家。有熟悉屠呦呦的人评价她说：“她虽然不是院士，但是作为一个纯粹的科学家，她将自己的一生都奉献给了青蒿素事业。”在屠呦呦的家中，奖杯和证书数不胜数，但在生活中，屠呦呦被同事们评价为“为人低调，而且是长期低调”。当问及屠呦呦获奖后的生活变化时，她的同事坦言，屠呦呦极少参加采访或其他公开活动。屠呦呦本人也多次提到：“就到这吧，我不习惯这种场合上的事。咱们还是加紧青蒿素研究吧。”

思考？

你觉得一个人的性格对其为人处世、人生发展方向有什么影响？屠呦呦的性格特点对她的职业发展有什么帮助呢？

生涯导航

性格：不同的行为模式

法国作家让·吉罗杜说过：从我们的幼年开始，每个人身上就编织了一件无形的外衣，它渗透于我们吃饭、走路以及待人接物的方式之中。而这件外衣，就是我们的性格。

汤姆·里奇（Tom Ritchey）和艾伦·阿克塞尔罗德（Alan Axelrod）在《发现你的行为模式》一书中写道：人际关系出现问题，大多是由于人与人之间的行为模式不同导致的。仔细回想，日常我们与他人的矛盾，不就是两人行事方法不一致导致的吗？

DISC 行为模式理论认为：

支配型（dominance）行为模式的人喜欢掌控全局，喜欢下命令和指挥；他们重视结果和效率，想尽快达到目标，但会因此而忽视他人的感受；他们对成功非常感兴趣。

影响型（influence）行为模式的人开放友善，喜欢与人为伍；他们容易被他人的赞美和关注所激励；比较情绪化，往往容易冲动；他们健谈且开放，且容易相信别人，但若感觉受到排斥，就会深深地被伤害。

稳健型（steadiness）行为模式的人热情优雅，但缺乏社交自信；他们喜欢与人为伍，但多半扮演倾听者；处事三思而后行，且不喜欢改变；他们冷静明智，生性忠诚，值得信赖；有毅力，会不屈不挠直到成功。

服从型（compliance）行为模式的人注重事实和细节，他们做事有计划；会遵循规定和服从指示；重视正确性和精确度；不喜欢冒险，会闪避压力；但他们具备组织和阐述资料的能力，使信息更加清晰易懂。

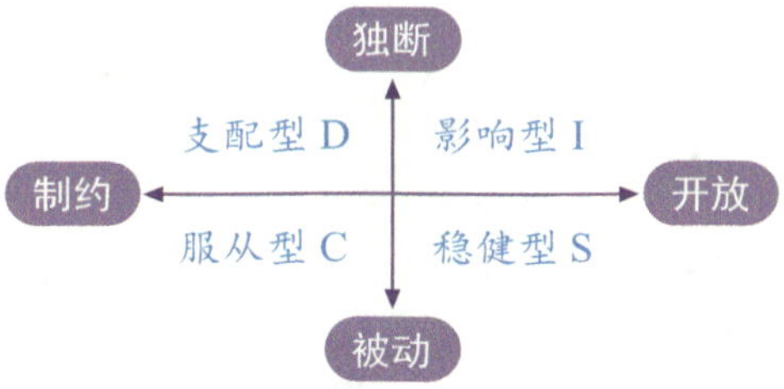

DISC 双轴模型

不同性格的人虽有不同的行为模式，但其行为模式并非一成不变，会随着环境的改变而调整。每个人本都具有多面性，我们不可能了解每个人的所有行为习惯，但有了这种认知后，可以提升与他人相处的能力，同时增强对自身行为倾向的了解，有针对性地调整，以适应生涯环境变化。

生涯体验

性格葡萄串

虽说“自己是这个世界上最了解自己的人”，但有些时候，我们总会被各种东西蒙蔽双眼，导致对自己的认知出现偏差。接下来，让我们用“性格葡萄串”

活动来一探究竟，看看在自己眼中、在他人眼中，你到底是怎样的存在吧！

1．在下方葡萄中找出符合自身实际的性格特质，并用红笔圈起来。

2．记录他人（可以是老师、同学、朋友、父母）认为你拥有的性格，并在下面的葡萄串中用蓝色笔圈起来。

3．如所拥有的性格特质未被列举出来，请在空白的葡萄里补充，并将其用相应的颜色笔圈起来。

4．完成后看看里面既有红色圈又有蓝色圈的是哪些葡萄，这些葡萄分别代表着与“主观我”和“客观我”相符的性格特质。请写下这些性格特质：

____

5．思考：被红色和蓝色圈起来的性格描述是否最能代表你的性格？你认为哪些性格特质是可以继续保持的，哪些性格特质又是需要改进的呢？

____

性格葡萄串

生涯拓展

电影推荐：《弱点》

导演：［美］约翰·李·汉柯克

梗概：黑人男孩奥赫自幼父母离异，无家可归。不过，木讷的他却因为极强的身体条件和运动天赋，幸运地进入了一家孤儿院。虽然他科科零分，但是一些细节却让他显得与众不同。一次排球比赛后，他主动收拾垃圾的行为引起了陶西一家的注意。于是，陶西太太决定收养奥赫，并把他培养成橄榄球选手。陶西太太让奥赫感受到家庭的温暖。同时，陶西的儿子还帮助奥赫训练，使他很快地融入橄榄球队的生活，不断激发运动的潜能。终于，在一次比赛中，奥赫因出色的表现崭露头角，开始获得以挖掘、发现有天赋的球员为工作内容的专业人士的关注，随之带来了一系列的甜蜜和麻烦……

开动脑筋

找机会看看《弱点》这部电影。想一想：奥赫的哪些性格特质有助于他成为橄榄球选手？

2 兴趣金字塔

生涯寄语

一个人的兴趣越广泛，他拥有的快乐机会就越多，受命运拨弄的可能性也就越小，因为即使失去了某一种兴趣，他仍然可以转向另一种。

——[英]伯特兰·罗素

思考？

兴趣是一种内心的驱动力，它能够激发我们最大的潜能，让我们变得更出色。那么，你对自己的兴趣了解多少呢？

生涯故事

译海中的梦与真

物理学家杨振宁曾赞赏过一个老头：本人多年才有一个灵感，得了个诺贝尔奖。而“他几乎每天一个灵感”，他的译诗用韵“使不可能成为可能”。这个比杨振宁还牛的老头，就是中国“诗译英法唯一人”许渊冲。

许渊冲首次接触英语是在小学四年级。在英语老师教26个字母的读法，讲到“wxyz”时，由于没有中文读法可以借鉴，又不会国际音标，许渊冲便对英语丧失了兴趣。后来，他听见哥哥唱英文儿歌“星星眨眼睛”时，觉得很好听，说“这是我第一次学到的两句英文诗，却是我后来翻译几千首英文诗的第一步”。

许渊冲真正对英语感兴趣是在高二时。一次考试，记忆力极好的许渊冲因为轻易背下了《英文短篇背诵选》里的30篇短文，成绩一下跃居班级第二。加上老师教学得法，让他对英语产生了兴趣。此外，他还读了朱光潜的《谈兴趣》一文，“有了兴趣的事做得尽可能好，教书教得有趣时，学生反应令人神往；译诗译得神来时，读者反应令人入迷”——许渊冲一生的翻译学术思想就此奠定。

思考？

许渊冲是如何一步步对英语产生兴趣的？你能在所学的各个学科中找到令你感兴趣的点吗？

生涯导航

找到自己的兴趣

能找到自己真正感兴趣的事情并专心钻研是一件幸福的事情。但豆豆子却表示“做不到”。已经是一名初中生的豆豆子热衷于打听大家的课余活动，发现有个同学报了跆拳道班，觉得“跆拳道很帅”的豆豆子就向母亲嚷嚷着也要报班。

母亲欣然同意。但豆豆子很快又发现了其他更好玩的兴趣班，于是怎么都不肯去原本的跆拳道班，又缠着母亲要报新的兴趣班。一段时间下来，豆豆子几乎参加了所有兴趣班，却没有一个能坚持一星期以上。在一次关于兴趣的命题作文中，意识到自己“三分钟热度”的豆豆子被难住了：究竟要怎样才能找到自己真正感兴趣的事情并坚持下去呢？

要寻找自己感兴趣的方向，首先要清楚兴趣的层级并对照自己的实际生活去钻研。一般而言，兴趣可分为三个层级：感官兴趣、自觉兴趣和志趣，三者构成了兴趣金字塔。

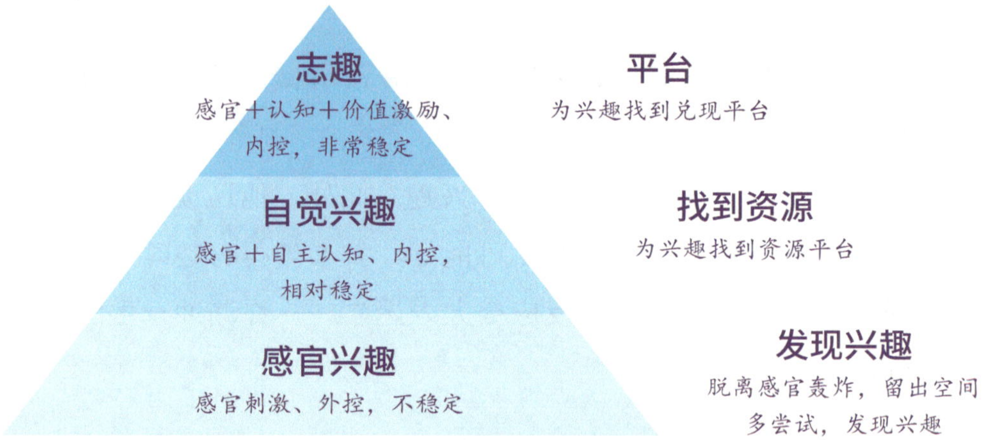

兴趣金字塔

感官兴趣　是通过直接的感官刺激而产生的兴趣，是最原始的兴趣。比如，当你在大街上闲逛时，听到沿街店铺传来的音乐，觉得曲子旋律很喜欢，刚拿出手机准备摇一摇找歌时，却被微信好友分享的新段子所吸引。这些都属于感官刺激，其维持时长和强度由外界的刺激决定。因此感官兴趣无法让我们专注在任何一个事物上以形成能力。它就好比你刷了一整天的朋友圈或微博，虽然当时觉得很爽，但最终却没留下什么印象。

自觉兴趣　在成功经验及愉悦情绪的参与下，我们会更愿意投入时间和精力到兴趣的培养与发展中，从而将感官兴趣转化成自觉兴趣。此时，自觉兴趣会催生出与其对应的能力，而能力又反过来让我们更有动力不断专注、慢慢精通这种兴趣。比如，你吃了一道特别好吃的菜，想要了解这道菜的制作流程，对料理产生兴趣并开始动手时，这就是自觉兴趣。它可以让我们的兴趣更加持久并定向在一个领域。

志趣　志趣对比前两者，更加强大而持久。在自觉兴趣的基础上，我们通过学习将兴趣变成能力，寻找平台使能力得以发挥并获得价值，而后在众多价值中找到自己最有力量的方向，这便是志趣。“杂交水稻之父”袁隆平多年来一直顶着太阳、趟着泥水下田实干，在经历过无数次挫败后依然兴致勃勃的动力就来自于他的志趣。志趣的强大不仅在于感官和认知能力，更在于其内在更高级的发动机——志向与价值观。

思考？

你做过哪些事情是因为兴趣而去做的？在做喜欢的事情和做不喜欢的事情时你分别有什么感受？

生涯体验

兴趣星空图

我们可以借助“兴趣星空图”探索自己的兴趣所在，找出自己认为适合发展成为自觉兴趣甚至志趣的事情，为自己的未来提供更多可能性。

兴趣星空图

首先，在一张纸上尽可能多地把自己感兴趣的事情全部列出来。这些事情可以是你从未做过的，只要是你能想到的感兴趣的都写下来，然后再将这些感兴趣的事情填写进星星中——兴趣强烈的填在大星星里，兴趣稍微弱一些的就填在小星星里。星空图中的星星可以全部填满，也可以留白。如果你的兴趣实在太多，请你忍痛割舍掉几个。

静下心，想一想：在这众多兴趣里，有哪些是你“曾经体验过很感兴趣的”，或者“没尝试过，但自己应该感兴趣的”？请用黑色圆圈将该星星圈起来，表示“感官兴趣”。

在感官兴趣的基础上，再考虑一下：有哪些是你“有强烈的求知欲，想深入学习的”，或者“已经经过系统学习的”？如果有，请用蓝色圆圈将该星星圈起来。这时有两个圈圈的星星已经升级为你的“自觉兴趣”了。

在自觉兴趣的基础上，继续思考：有哪些是“让你获得过外界赞赏或很大满足感的”，或者“自己非常投入其中，几乎感觉不到时间流逝的”？如果有的话，请用红色圆圈将该星星圈起来，表示你的“志趣”。

最后在欣赏自己的兴趣星空图时，如果你发现自己没有被三种颜色圆圈圈起来的星星，不用焦虑或担心，一般志趣出现的时间都比较晚，可能到 35 岁甚至更晚才会慢慢浮现出来。你不一定要现在就立刻找到自己的志趣所在，只要从现在开始有意识地探索并培养自己的兴趣，尝试发展自觉兴趣，志趣就会自然而然地出现了。

生涯拓展

电影推荐：《跳出我天地》

导演：［英］史蒂芬·戴德利

梗概：比利是一位煤矿工人的儿子，他每周要去上拳击训练课。一天，在上训练课时，他偶然接触到芭蕾舞并被其深深吸引住了。严厉的芭蕾指导老师威尔金森夫人也发现比利是一个极具天赋的芭蕾苗子，于是全身心地培养比利。

比利学习芭蕾的事情始终瞒着他那独身的父亲和专横的兄长。当他们发现比利把学习拳击的学费浪费在了毫无男子汉气概的芭蕾舞上时，一场家庭冲突就不可避免地爆发了。此时，威尔金森夫人积极鼓励比利去报考伦敦的“皇家芭蕾学校”。而比利却陷入了对家庭的责任和实现自己理想的矛盾之中，但他最终还是选择了后者，因为对芭蕾的爱是他无法抗拒的，芭蕾是他的所有，也是他的命运所系……

开动脑筋

找机会看看《跳出我天地》这部电影。想一想：比利为什么放弃了拳击改学芭蕾？

3 时间管理技巧

生涯寄语

从不浪费时间的人，没有工夫抱怨时间不够。

——[美]托马斯·杰斐逊

思考？

科学地管理时间可以有效提高做事的效率。那么，我们要如何管理自己的时间呢？

生涯故事

柳比歇夫与《奇特的一生》

苏联昆虫学家柳比歇夫在26岁时独创了一种“时间统计法”，终其一生持续关注自己的时间分配。在56年间，他坚持记录自己的时间，一月一小结，一年一大结，五年一总结，并及时调整自己的时间安排。他运用自创的时间统计法，使自己的工作效率得到极大提高，生活不仅丰富还十分健康。

柳比歇夫的学术遗产主要包括科学史、农业、遗传学、植物保护、哲学、昆虫学、进化论、无神论等方面，有1.25万页的学术论文，以及追忆许多科学家的回忆录等。他一个人搜集的昆虫标本比动物研究所的还要多5倍。

柳比歇夫常年坚持工作现场记录，而不是事后补记。记录误差不超过15分钟。他要求记录的时间区段要有代表性，根据已有的时间记录和统计分析，对下一段时间分配做出调整。通过长期做这样的记录，柳比歇夫获得了精确感知时间的能力，做事有条不紊。

柳比歇夫时间管理法就是要记录时间、分析时间、消除时间浪费、重新安排自己的时间。

思考？

柳比歇夫的时间统计法对他的人生有什么积极意义？他独特的时间统计法对你有什么启示？

生涯导航

时间管理的意义

时间管理不是要把手头上的所有事情都做完，而是要更有效地运用时间。时间管理的目的除了要决定该做什么事情之外，更需要决定不应该做什么事情。其最重要的功能是根据事先的规划和安排，提醒和督促我们做事。

同样是24小时，有的人在学习之余还能坚持跑步、写作、阅读等，而有的人却一件事都没做好。这是因为后者无法合理分配和安排时间，或者根本没有意识到时间管理的重要性，导致挥霍了光阴，却一事无成。

人们常说：越努力，越幸运。但盲目的努力不仅使你难以前进，甚至还拉你倒退。我们的精力是有限的，特别是每天要面对那么多科目的学习，更需要学会规划，管理自己的时间。而每个人精力旺盛的时间段是不一样的。根据二八定律，一天当中，我们有 20% 的时间精力充沛，做事效率高；而有 80% 的时间会比较容易分神。因此，我们要学会在那 20% 的时间里专注地做当前该做的事情。做好时间管理，不仅是对日常事务的安排，更是对有限生命的重视。

时间管理的基本原则

一、设立明确、切实可行的目标

列举这一天、近一周、近一个月，甚至这一年的 4 ～ 6 个目标，根据其重要性进行初步排列，找出你认为的核心目标，设定初步行动计划，并开始着手按计划行事。

二、遵循 80/20 定律

一些关键的、小的投入和努力往往可以产生大多数的成果、产出或酬劳。这也提醒我们，要想提高效率达到事半功倍的效果，就要抓住那 20%的重点，在精力旺盛的时间里做最重要的事情。

三、放弃完美主义

要想多元利用自己的时间，就要把完美主义放到一边，不强求十全十美的大结局。把“一定要做完，一定要做到最完美”的目标调整为“做一点是一点，能做完是惊喜，能做好就更优秀了”，我们就会有所收获。

四、严格规定事情的完成期限

很多人说：“deadline 出奇迹。”但在多数情况下，急急忙忙地完成一件事情，其效果往往大打折扣。如果你只有一小时的时间可以做这件事情，你就要摒除外界的干扰，高效地利用这一个小时把事情完成。

五、做好时间日志

把每天做的事情、所用的时间一一记录下来，你会清晰地发现自己浪费了哪些时间，并对此做出调整。

六、安排“不被打扰”的时间

每天至少要有半小时到一个小时不受任何人干扰的时间，以有效整合自我，让身心得到休息，提高学习效率。

七、集中处理

同一类事情最好集中在同一个时间段内处理。这样能够有效提高时间的利用率。

四象限时间管理法

在学习和日常生活中，我们要学会分清轻重缓急，将手头上要处理的事情进行分类，要事优先处理，紧急事件快速处理。这需要我们掌握行之有效的时间管理方法。

美国管理学家科维提议，将事情按照“重要”和“紧急”两个维度进行划分，作出了“时间管理四象限图”。那么我们该如何安排自己的日常事务呢？

第一象限：优先处理既紧急又重要的事情。如马上就要交的作业、即将要进行的演讲比赛等。

第二象限：其次处理重要但不紧急的事情。如健康、改进学习方法、提高学习能力、课外阅读安排等。

第三象限：妥善处理紧急但不重要的事情。如回复不重要的信息、凑热闹的活动等。

第四象限：最后处理既不紧急也不重要的事情。如浏览新闻、刷短视频、追电视剧等。

据有关机构统计，成功的人大多会把主要的精力放在重要的事情上，而普遍人则往往更关注紧急的事。因此，我们一定要对日常事务有一个正确清醒的认识，把握好它们的性质，合理安排个人时间，从而提高学习效率。

生涯体验

要事先做

一、活动目的

运用四象限时间管理法对现有事情进行分类整理，提高学习效率。

二、活动步骤

1. 把自己一周中必须完成的各种事情（包括学习、个人生活等方面）按照你个人所理解的重要程度进行分类，并填入下图中的四个象限内。

2. 填写完之后，请分析：你多数事情都集中在第几象限？为什么会集中在该象限？这对你产生了什么影响？

3. 你觉得上述优先顺序有需要改进的吗？根据四象限时间管理法进行调整后，把自己的四象限图与同学们分享讨论，看看别人的四象限图跟你的有什么不同。

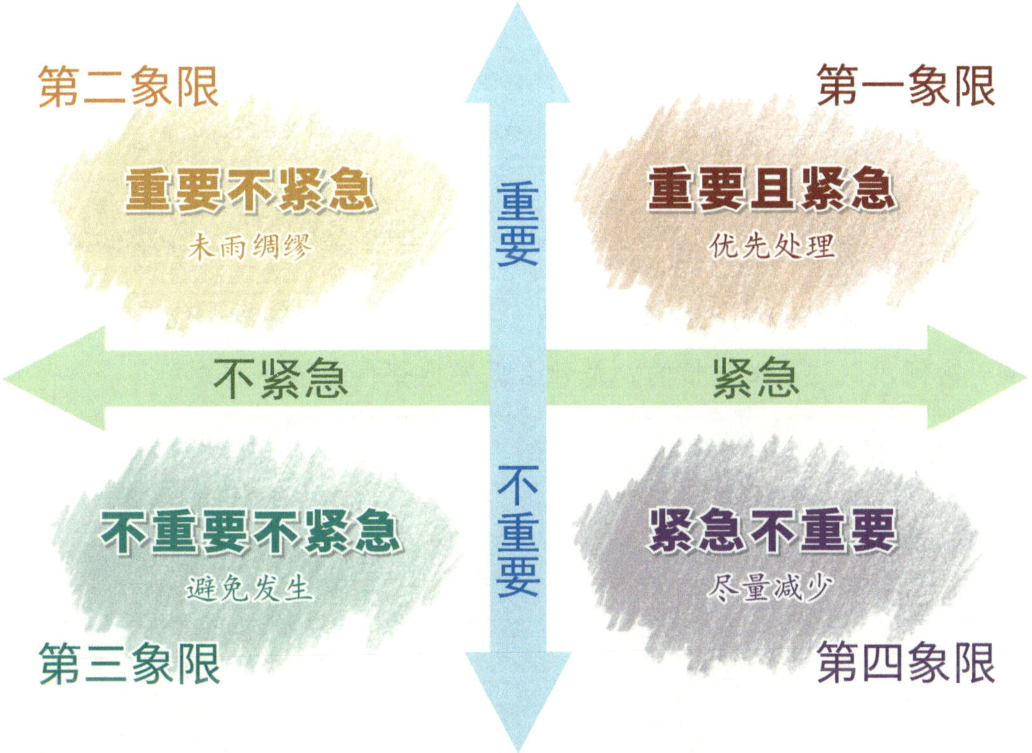

四象限时间管理法

生涯拓展

电影推荐：《当幸福来敲门》

导演：[美]加布里尔·穆奇诺

梗概：克里斯·加德纳在28岁的时候才第一次见到自己的父亲，所以他下定决心要做一个好爸爸。但克里斯事业不顺，生活潦倒，只能靠卖骨密度扫描仪为生。他的妻子因为不能忍受穷苦的生活而独自去了纽约。他和他儿子也因为极度的贫穷而失去了自己的住所。克里斯一边卖骨密度扫描仪，一边做实习生，后来还必须去教堂排队争取得到教堂救济的住处。但是，即使这样，克里斯也一直很乐观，并且教育儿子不要灰心。功夫不负有心人，凭借自己的努力，克里斯最终脱颖而出，获得了股票经纪人的工作，后来还创办了自己的公司。

开动脑筋

找机会看看《当幸福来敲门》这部电影。想一想：克里斯又要卖扫描仪，又要做实习生，还要去排队争取教堂救济的住房。他怎么能够在同一时间段做这么多事情的？是什么促使他获得了最终的成功？

4 注意力要集中

生涯寄语

用心专者，不闻雷霆之震惊。

——[宋]林逋《省心录》

思考？

良好的注意力是高效学习的最佳保障。你知道提升注意力的方法有哪些吗？

生涯故事

“赤子之心”小游戏

莱布尼兹和所有从事学术工作的人一样面临着这样的困境：都有开不完且无聊透顶的会议。为了减轻这方面的负担，他发明了一个叫作“赤子之心”的小游戏。这个小游戏既可以帮助他在乏味的会议中消磨时间，又可以让他保留一部分注意力在讲台上，而不至于错过真正精彩的内容。

“赤子之心”小游戏具体做法是：演讲开始令人厌烦时，他就用手指轻敲桌沿。先用右手大拇指，接着是右手中指，再到食指、无名指，最后重复中指、小指；然后他改用左手，先敲小指，接下来是中指、无名指、食指，再回到中指，最后是左手大拇指；而后回到右手，但敲手指的顺序整个颠倒过来，之后左手再依方才的敲打顺序再颠倒过来重敲一遍……就这样，加入休止一拍或半拍的变化，便可以产生 888 种不同的组合，使拍击形成如音乐般的节奏感，也可以用乐谱来表示。

后来，莱布尼兹又为这种游戏找到一种新的用途：用来记录思绪的长度——把 888 种组合重复三遍，共 2664 次，所需的时间约 12 分钟。在敲击过程中，随时都可以将注意力转回到手指上，就能立刻知道自己敲到什么地方。例如，在一场无聊的演说中，当莱布尼兹思考一个物理实验问题时，他立刻注意到自己正敲到第二循环的第 300 拍；这只是一瞬间，他的思路马上回到实验上。终于，他的思考告一段落，问题也已解决。他花了多少时间？再回过头看看手指，他发现第二循环即将结束，也就是大约用了 2.25 分钟。

思考？

在日常生活中，我们是否有需要“一心两用”的时候呢？你又是如何做到合理分配自己的注意力的呢？

生涯导航

神奇的注意力

当我们全神贯注、集中精力投入到某件事情或人物上时，注意力就已经在发挥其神奇作用了，它能够使我们把当前专注的事情做得更完美。注意力有四种品质，分别是：注意的稳定性、注意的广度、注意的分配和注意的转移。这些都是衡量一个人注意力情况的重要标志。

一、注意的稳定性

注意的稳定性是指一个人在一定时间内比较稳定地把注意集中于某一特定的对象与活动的能力。注意的稳定性直接影响听课质量。比如，为了听明白老师上课所讲的内容，我们须要将注意力都集中到老师及课堂上。但对于注意稳定性较差的学生来说，就无法做到，很容易走神，导致整堂课下来只得一知半解。

二、注意的广度

注意的广度是指注意的涵盖范围，是指人们在一瞬间内清楚地觉察或认识到对象的数量。研究表明：在一秒钟内，一般人可以注意到 4 ～ 6 个相互间联系的字母、5 ～ 7 个相互间没有联系的数字、3 ～ 4 个相互间没有联系的几何图形。

当然，不同的人具有不同的注意广度。一般来说，孩子的注意广度要比成年人小。但是，随着我们的成长，以及有意识地训练，注意的广度会得到提高。

三、注意的分配

注意的分配是指一个人在进行多种活动时，能够把注意力平均分配于活动当中。比如一边看书，一边记录书中的精彩语言；一边炒菜，一边听新闻等。

但人的注意力终究是有限的，不可能关注所有东西，否则会顾此失彼，得不偿失。但是，如果注意的目标非常熟悉或不是很复杂，我们确实可以同时关注好几个目标，并且都能做好。我们需要根据自己的实际情况，逐渐培养相关能力。

四、注意的转移

注意的转移主要表现为一个人能够主动地、有目的地、及时地将注意从一个对象或活动调整到另一个对象或者活动上。注意力转移的速度是思维灵活性的重要体现，在生活中发挥着重要作用。

我们每天都需要不断调整自己的注意力，以便更专注、高效地学习和生活。比如每天要上很多节课，而每一节课的内容都有所不同，如果上语文课时全神贯注，但到了上数学课的时间仍无法让自己的注意力转移到数学课上，那么数学课的学习效果就会大打折扣。可见，对我们来说，学会及时转移和集中注意力对提高学习效率有很大帮助。

生涯体验

舒尔特方格训练

1．眼睛距表 30 ～ 35 厘米，视线集中在表的中心。

2．用手指按 1 ～ 25 的顺序依次指出其位置，同时小声诵读，自己记录所使用的时间。

3．待用时越来越短时，可以撤掉手指的动作，单纯用眼神去追踪数字的位置。

4．注意：数完 25 个数字所用时间越短，代表注意力水平越高。26 秒属于中等水平，可以变化表格里的数字进行多次训练。

6	12	24	5	16
9	4	15	11	25
17	21	1	18	8
2	10	13	20	22
19	23	7	14	3

生涯拓展

书籍推荐：《聪明的孩子坐得住》

作者：心雅

推荐理由：这本书根据孩子的身心发展和认知特点，精心设计了60种注意力训练趣味游戏，能够有效激发孩子的兴趣和心理动力，增强训练的实效性。这些注意力训练方法，主要分为“准备好了吗”“跟我做一做”“心灵天使有话说”三部分，理论论述浅显，操作步骤简单，操作过程安全，很适合家长或其他训练人员指导孩子训练。这本书里面也有很多关于训练视觉注意、听觉注意等的好方法，值得一看。

开动脑筋

你从书中学会了哪些训练注意力的方法？请在空余时间和同伴或者家人一起练习，看看谁的注意力更集中。

5 向着目标前进

生涯寄语

坚定目标，日拱一卒，驰而不息。

——《人民日报》

思考？

目标是前进的方向。你知道如何制定一个科学的目标吗？

生涯故事

“我”和目标之间就是一条直线

谷爱凌在一个采访中被记者提问：“为什么你总是能实现自己的目标？”她的回答让人印象深刻。

谷爱凌当时讲到她考斯坦福大学的经历，那时因为疫情的影响，她不得不辗转到另一个城市参加考试。更惨的是，考试当天大雨倾盆，考试马上就要开始了，她却打不到车。于是她就冒雨跑到了考点，最终赶上了考试，并且以优异成绩考入了斯坦福大学。

谷爱凌似乎对于实现一件事情的目标有着惊人的毅力和执着，她说：“只要我下定了决心要实现一个目标，那我和这个目标之间就是一条直线，我会直直地奔向那个目标，什么事情都不能干扰我。”

为什么那些取得卓越成就的人对目标的实现都有一种非比寻常的执着和坚毅？而许多人为什么一事无成？就是因为他们缺少雄心勃勃、排除万难、迈向成功的动力，不敢为自己制定一个高远的奋斗目标。一个人不管有多么超群的能力，如果缺少一个认定的高远目标，都将一事无成。设定一个高目标，就等于达到了目标的一部分。这就是美国行为学家J. 吉格勒提出的“吉格勒定理”。

思考？

从谷爱凌的回答中，你受到了什么启发？请谈谈你对目标设定的看法。

生涯导航

SMART 目标法

SMART 法则是一种“智能化”的目标管理法则。SMART 原是 Specific（具体的）、Measurable（可衡量的）、Achievable （可实现的）、Realistic（有相关性的）、Time-bound（有时限的）的缩写。它是一种有效的目标管理方法，可以帮助我们更好地提高效率，完善计划，实现目标。

下面以学好英语为例，探讨如何科学有效地设置目标。

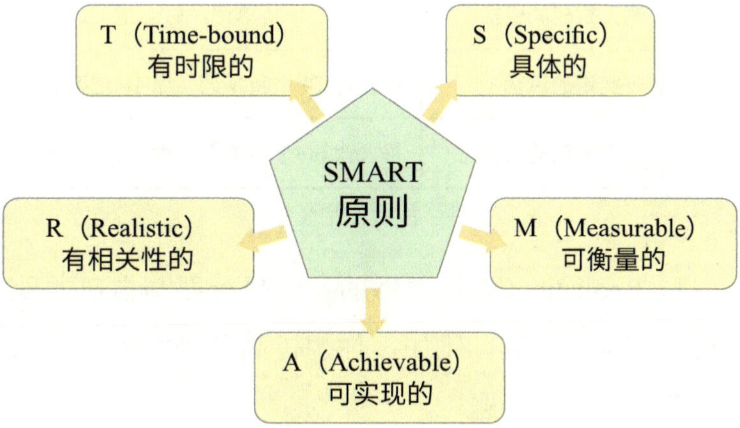

SMART 目标法

1. Specific（具体的）。目标必须明确具体，不能模棱两可，也不能笼统概括。很多时候目标最终没完成，不是执行力度不够，而是目标不清晰导致的。比如想要学好英语，就要设定清楚：目标是提高英语考试分数，还是英语口语交际水平，抑或是英语翻译水平？假如确定了是提高英语考试分数，那具体是提高多少分？还是进步多少名？

2. Measurable（可衡量的）。目标必须是可以衡量的，尽可能用数字／程度／时间等准确客观地描述，不用有争议、有异议的标准。比如目标是提高英语考试分数，为达到这个目标，你需要花更多的时间学习英语的听说读写背。那具体一段时间内要背多少个新单词，做多少听力训练、口语训练，做多少篇阅读理解，写多少篇英语作文呢？只有明确下来，你才能在行动中衡量你每个阶段是否顺利完成阶段目标，以确保终点目标的实现。

3. Achievable（可实现的）。设定可实现，并跳一跳够得着的目标。同时要考虑到个人的能力和资源，过于激进或毫无挑战性的目标都是无效的。下面以一般学生的能力水平为例，你可以参考，并根据你自己的情况制定适合你的可实现、有挑战的目标。

毫无挑战的目标	每天背 2 个新单词，做 1 道习题，看 1 篇阅读理解
可实现的目标	每天背 10 个新单词，做 10 道习题，看 2 篇阅读理解
过于激进的目标	每天背 50 个新单词，做 50 道习题，看 5 篇阅读理解

4. Realistic（有相关性的）。目标要与自己的现实情况相联系，而不是胡乱设定，没有根据。比如，你想提高英语听力，可以设定目标“我要每天完成一套英语听力练习题”。

5. Time-bound（有时限的）。目标必须要有一个明确的完成期限。要根据目标的难易、紧急程度等，设定完成目标的时间要求。比如每天背 15 个单词，1 小时做 2 篇阅读理解等。

下面请你用 SMART 目标法，设定你三年之后在学业、生活、人际上的目标。

1．我希望自己在学业上做到：

（1）____

（2）____

2．我希望自己在生活上做到：

（1）____

（2）____

3．我希望自己在人际上做到：

（1）____

（2）____

设定了科学有效的目标后，我们还需要在行动上真正落实目标，即通过具体的途径和方法达成这个目标。

1．为了完成学习上的目标，我行动上需要：

（1）____

（2）____

2．为了完成生活上的目标，我行动上需要：

（1）____

（2）____

3．为了完成人际上的目标，我行动上需要：

（1）____

（2）____

生涯体验

哈佛大学关于目标的调查研究

哈佛大学在 1953 年曾经做过关于目标对人生结果影响的调查。一群智力、学历、环境、条件都相差无几的学生在走出校门之前，哈佛大学对他们进行了一次关于人生目标的调查。调查结果显示：27% 的人没有目标；60% 的人目标模糊；10% 的人有清晰但比较短期的目标；3% 的人有清晰且长期的目标。

25 年后，哈佛大学再次对这群学生进行了跟踪调查，结果发现：3% 有清晰长远目标的人，他们一直朝着同一个方向努力，成为社会各界的顶尖成功人士，他们不乏白手创业者、行业领袖、社会精英；10% 有清晰但比较短期目标的人，他们生活在社会的上层，他们的短期目标不断达成，成为行业专业人士，有很好的工作，比如医生、律师、公司高级管理人员等；60% 目标模糊的人，他们生活在社会的中层或下层，尽管能够安稳地生活，但是没有取得什么成绩；27% 没有目标的人，他们生活在社会底层，生活得十分不如意，不断抱怨社会和他人，经常失业，碌碌无为，家庭也不幸福，这并不是因为他们没有天才的智慧，而是因为他们缺少目标和实现目标的动力，甚至不敢为自己定一个高远的奋斗目标。

可以看出，目标对人生具有巨大的导向作用。可以说，有什么样的目标就会有什么样的人生。

思考？

为什么被调查的这些人的人生会有这样大的差距？从中你明白了什么？

生涯拓展

电影推荐：《完美比赛》

导演：［美］奥利弗·迪尔

梗概：这是一部2008年上映的体育电影。影片讲述了一支来自墨西哥蒙特雷贫民窟角落里的小棒球队，在球场上用表现去打破部分美国人的种族歧视的观念，用奇迹去战胜自己、实现自己目标的故事。影片中小棒球队的孩子们用自己对梦想的渴望与信仰赢得了所有人不看好的冠军之位，捍卫了尊严。这部电影能让你了解到，梦想是你实现目标的驱动力，它能不停鞭策着你用热血去执着追求心中所爱。

开动脑筋

找机会看看《完美比赛》这部电影。想一想：小棒球队的孩子们是如何实现自己的目标的？

6 处理师生关系

生涯寄语

师生之间的关系，不仅是传道、授业、解惑，更是传授人格与生活智慧。

——佚名

思考？

和谐的师生关系是生涯发展的助推器。你知道如何与老师保持良好的师生关系吗？

生涯故事

合适的爱

萍萍的学习成绩并不是特别好，这让萍萍很是受挫，所以她总会选择其他各种方式获得心理满足。在课堂上，不安分的萍萍总是遭到老师们的批评，她甚至会顶撞老师，对老师发火。所有老师对她的表现都不满意。

这天，班主任约萍萍进行了一次恳切的长谈，了解萍萍内心的想法。经过深入了解，班主任发现萍萍家众星捧月式的溺爱使她养成了任性好胜的个性，让她少了几许宽容和同情心。在家从未受过委屈的萍萍在校却经常被老师批评，这让萍萍难以接受。对此，班主任决定给予萍萍更多的关注与帮助，并经常让萍萍帮助完成班里的工作。萍萍也开始喜欢上这个在意她的班主任。

有一次，萍萍主动留下来对班主任说："老师，我想帮你做事。"班主任毫不犹豫地同意并深觉感动。萍萍也开始卖力地去做并且做得很好。

思考？

作为家中的掌上明珠，萍萍为什么会主动帮老师做事？你认为在现实中该如何与老师相处呢？

生涯导航

学会建立良好的师生关系

在我们的生涯发展历程中，师生关系的影响力仅次于亲子关系。能不能处理好师生关系，会直接影响我们未来的生涯发展。那么，如何建立良好的师生关系呢？

1. 换位思考，理解老师。我们需要明白：老师为什么批评我们？老师准备一节课花了多少时间？在无法完成对你的教育时，老师默默自责多少次，流了多少泪？老师的付出总是默默无闻，不容易被发现的。所以，要学会换位思考，试着去理解老师，不要任性妄为辜负一位为学生默默付出不求回报的老师。

2. 走近老师，加强沟通。人的精力是有限的，老师一个人要面对大量的学生，他们很难做

到给予所有人同等分量的关注。所以，我们要学会主动走近老师，将自己的想法、自己的心情告诉老师，不要想着“为什么老师总是忽略我或者不能理解我”。老师也需要学生的主动亲近。沟通是双向的，与老师的相处也是，老师与学生双方共同努力，这样才能构建和谐的师生关系。

3. 正确对待老师的不足或过失。“闻道有先后，术业有专攻”，老师在所属的学习领域有足够的能力但却不是圣人，我们不能苛刻地认为老师应该什么都懂，不能出现任何错误。若对老师的观点有不同的看法，我们当然也可以提出自己的意见，但是要注意场合，选择恰当的时机与方式表达。

思考？

你有主动走近老师、主动和老师沟通的经历吗？试着举一个现实中和老师建立良好师生关系的例子吧！

生涯体验

老师，我想对你说

在成长过程中，你是否有遇到某个老师对你有积极正向的影响？例如，他有什么独特人格魅力影响了你？他什么时候表达的关心让你印象深刻？他有怎样的感人事例影响着你？请你写一封信给你的老师，把自己想对他说的话写下来。

“老师与学生的关系是一种特殊的人际关系，区别于父母和子女，区别于兄弟姐妹，区别于朋友同事，在教育活动中不可忽视。”无数的教育教学实践证明，师生关系越良好，教学效果就越好；反之，则越差。因此，建立良好的师生关系在教育教学中具有十分重要的意义。

生涯拓展

电影推荐：《放牛班的春天》

导演：［法］克里斯托夫·巴拉蒂

梗概：电影讲述的是一位怀才不遇的音乐教师马修来到辅育院，面对的不是普通学生，而是一群被大人放弃的孩子，而马修改变了孩子们以及他自己命运的故事。

开动脑筋

找时间看看《放牛班的春天》这部电影，说说你从中得到的关于建立良好师生关系的启发。

7 处理同伴关系

生涯寄语

许诺固然可以获得友谊，但培养和保持友谊的还是行动。

——［英］费尔瑟姆

思考？

朋友是我们成长道路上的宝贵财富。当与朋友发生矛盾或误会时，你会怎么做呢？

生涯故事

一封和解信

托尔斯泰年轻时和屠格涅夫是好朋友。遗憾的是，有一天两人在朋友家发生了争执，从此断交，一断就是 17 年。

步入五十岁之际，站在文学之巅的托尔斯泰开始对人生哲理进行新的探索，对自己的过去进行了一次“大盘点”。当他回忆起屠格涅夫时，惊奇地发觉，心中对屠格涅夫不仅毫无敌意还充满怀念，两个人在一起喝酒、骑马和讨论手稿的情景历历在目，他情不自禁地给屠格涅夫写了一封信：“……也许您对我也有同样的回忆……如果您能宽恕我，我真诚地向您贡献出我所能表示的那种友谊。”

屠格涅夫收到这封信后，立刻从国外赶回来，直奔托尔斯泰的庄园。两人一见面，就紧紧拥抱在一起。屠格涅夫热泪盈眶地说：“我是流着泪读完您那封信的。惭愧的是，先写那封信的为什么不是我呢！”当晚，两人把酒长谈。

一封和解信，把搁浅了 17 年的友谊之舟摆渡到彼岸。

思考？

故事中，为什么两人时隔那么多年还能够和好？在同伴关系中，你觉得最重要的是什么？

生涯导航

如何处理同伴关系

人在社会中不是孤立的，而是通过和别人发生作用而发展自己，实现自己的价值。在生活中，我们要学会如何更好地与同伴相处，提高处理同学关系的能力。

1. 学会宽容与理解。同伴之间出现矛盾冲突时，要理解对方的行为，容忍他的一时之举，等冷静下来之后再向对方表达自己对这次冲突的感受。

2. 学会赞美别人。拥有一双善于发现美的眼睛。当你发现了对方的优点，在赞美别人的同时也会得到对方的赏识。

3. 学会相互尊重。同伴之间，性格、生活经历以及生活习惯不可能完全相同，学会尊重他人的生活方式，关心和谅解别人，不强求别人与自己的生活方式一致。

4. 学会真心待人。与同伴交

往时要以诚相待，在同伴遭遇困难的时候及时伸出援助之手，让同伴在一点一滴中体会到你的真诚。

生涯体验

我的伙伴地图

一、活动目的

通过绘制一张“伙伴地图”来理解自己在同伴关系中的位置，以及如何与他们建立更加积极的关系。

二、活动步骤

准备一张白纸和彩色笔，然后按照以下步骤进行：

1. 在白纸的中心画一个圆圈。这个圆圈代表你自己。想象这个圆圈是你社交生活的起点。

2. 围绕中心圆画出几个大小不一的圆圈，每个圆圈代表你生活中的一个重要同伴。圆圈的大小象征你们关系的亲密程度，而它们与中心圆的距离则表示你们关系的紧密性。

3. 使用彩色笔在每个圆圈旁边标注你与该同伴的关系类型，如“挚友”“学习伙伴”或“团队成员”。这些标注将帮助你更清晰地看到自己与不同伙伴的联系。

4. 选择每个伙伴，回忆并记录下你们之间的一次积极互动或共同的美好回忆。这些记录可以是一次愉快的对话、共同完成的项目，或是任何让你感到温暖的时刻。

5. 对于那些存在挑战的关系，思考可能的原因和这些经历给你带来的感受，同时为改善这些关系制订一个行动计划。在地图的背面或底部，总结你的发现和对未来人际关系的期望。

三、活动思考

在完成伙伴地图后，思考以下问题：

1. 为什么你会选择这些人作为你的伙伴？他们对你意味着什么？

2. 这些积极互动如何影响了你？它们在你的生活中扮演了什么角色？

3. 面对需要改善的关系，你打算如何着手？可以采取哪些具体的行动？

四、活动小结

青春是我们生命中一道神秘、迷人而又充满生机与活力的风景线。我们不仅需要学习生活，更需要用交往编织起彩色的岁月。在与同伴的交往关系中，尊重是平等交往的前提，信任是正常交往的保证，理解是深入交往的途径，宽容是广泛交往的基础。在同伴满足我们交往需求的同时，也不要忘了要懂得相互尊重、信任、理解和宽容。

生涯拓展

电影推荐：《玛丽和马克思》

导演：［澳］亚当·艾略特

梗概：故事在两位笔友之间展开。玛丽·丁克尔是一个居住在墨尔本市区的胖乎乎的有些抑郁和孤独的小姑娘；马克思·霍尔维茨是一个居住在乱糟糟的纽约的肥胖的患有亚斯伯格症（自闭症的一种）的44岁犹太人。两个人的通信跨越了两个大洲，持续了20年。这份笔友之间的友谊随着一封接着一封的书信，就这么保留了下来。影片把观众带入了一场关于友情、自我和对自我的剖析之旅，向世人展示了两个人的精神世界。

开动脑筋

你和同伴之间用书信交流过吗？给你的好朋友写一封信吧！

8 倾听的力量

生涯寄语

耳朵是通向心灵的路。

——[法]伏尔泰

思考？

倾听是理解他人的桥梁。你有过认真倾听他人的经历吗？

生涯故事

最伟大的推销员

乔·吉拉德被誉为当今世界最伟大的推销员。

有一件事让他终生难忘。在一次推销中，乔·吉拉德与客户洽谈顺利，就要签约成交时，对方却突然变了卦——快进笼子的鸟飞走了。于是当天晚上，按照顾客留下的地址，乔·吉拉德找上门去求教原因。客户见他满脸真诚，就实话实说："你的失败是由于你自始至终没有认真听我讲话。就在我准备签约前，我提到我的独生子即将上大学，而且还提到他的运动成绩和他将来的抱负。我是以他为荣的，但是你当时却没有任何反应，而且还转过头去用手机和别人讲电话。我一恼就改变主意了。"此番话重重提醒了乔·吉拉德，使他领悟到“听”的重要性，让他认识到如果不能自始至终倾听对方讲话的内容，认同顾客的心理感受，难免会失去自己的顾客。

后来，乔·吉拉德面对顾客时，就非常注意倾听他们的话，无论是否和他的交易有关，都给以充分的尊重。这也收获了意想不到的效果。

最终，他成为一名推销大师。

思考？

你认为是什么让乔·吉拉德成为最伟大的推销员？你知道该如何倾听吗？

生涯导航

倾听的艺术

倾听不是简单地用耳朵去听，它也是一门艺术。

倾听不仅仅要用耳朵去听说话者的言辞，还需要全身心地去感受对方在谈话过程中表达的言语信息和非言语信息。

在沟通中，学会倾听是一项重要能力，但是许多人却无法做到有效倾听。掌握下面四个倾听的技巧，我们不仅可以更好理解他人心声，还可以走入对方的世界，与对方有真正的连接。

第一，陪伴式倾听。在倾听过程中，尽量保持安静，专注凝视讲述者，让他成为主角。当然，少说话不是让你保持绝对的沉默，而是要通过专注陪伴式的倾听，激发对方进一步沟通的欲望，收集更多的信息。

第二，非语言的关注。在倾听过程中，根据对方的言语适当地点头、身体

前倾、自然的眼神接触、微笑、展露专注的表情，会让对方感到他在被人积极关注。

第三，理解式的应答。在倾听过程中最容易受到情绪干扰，有时会被对方情绪带入。一旦卷入自己的情绪就很难对事件进行客观评价，也不一定能有效解决对方的问题。所以倾听的关键在于理解对方，多用理解式的应答，如“嗯嗯”“啊”“这样啊”“听起来很……”，等等。

第四，邀请式的谈话。例如“怎么啦？”“遇到什么事了？”“愿意和我说说吗？”“然后呢？”“可以谈谈吗？”，等等。

思考？

你还知道哪些倾听的小技巧？说说你遇到过或者听说过的有关倾听的故事。

生涯体验

倾听一周挑战

1. 准备一个小笔记本用来记录倾听的情况。

2. 在一周内，每天至少选择一个特定的时间段，比如课间休息、放学后等，专注地倾听身边人的谈话，不打断，不急于发表自己的意见。

3. 详细记录下倾听的对象、倾听的内容要点以及自己在倾听过程中的感受和发现。

4. 尝试从他人的话语中理解他们的想法、感受和需求。

5. 在一周结束后，回顾自己的记录，总结自己在倾听方面的进步和不足，思考如何更好地提升倾听能力。

生涯拓展

书籍推荐：《只需倾听》

作者：［美］马克·郭士顿

推荐理由：掌握良好的倾听能力并不难。作为一位“跨界”沟通专家，郭士顿博士把他30余年的临床经验与商界及生活中的沟通问题结合起来，用简单易懂的语言和大量真实的案例为我们透彻地分析倾听的奥秘。他将这些道理总结成9条核心法则、12个简易沟通秘诀，并教我们如何快速处理7种常见棘手问题。读完这本书，你会发现，当你面对不可理喻的人时，不再一筹莫展，说服对方变得很容易。更有价值的是，你会赢得他们宝贵的信任。除此之外，你还将学会和自己对话，控制自己的情绪，宽容地接纳自己，以更加健康的心态面对工作和生活——这正是一切成功的起点。把握暗含玄机的心理世界，只需倾听。

开动脑筋

找机会看看这本《只需倾听》，思考倾听在人际交往中的重要作用。

9 合作带来共赢

生涯寄语

不管努力的目标是什么，不管他干什么，他单枪匹马总是没有力量的。合群永远是一切有善良思想的人的最高需要。

——[德]歌德

思考？

生活中处处有合作。你知道怎样通过与人合作来实现共赢吗？

生涯故事

三个皮匠

三个皮匠结伴而行，途中遇雨，便走进一间破庙。恰巧小庙也有三个和尚，他们看见这三个皮匠，气不打一处来，质问道：“凭什么说‘三个臭皮匠胜过诸葛亮’？凭什么说‘三个和尚没水喝’？要修改辞典，把谬传千古的偏见扭转过来！”尽管皮匠们谦让有加，和尚们却非要“讨回公道”不可，官司一直打到佛祖那里。

佛祖一言不发，把他们分别锁进两间神奇的房子里——房子阔绰舒适，生活用品一应俱全。内有一口装满食物的大锅，每人只发一只长柄的勺子。

三天后，佛祖把三个和尚放出来。只见他们饿得要命，皮包骨头，有气无力。佛祖奇怪地问："大锅里有饭有菜，你们为啥不吃东西？"和尚们哭丧着脸说："我们的勺子柄都太长了，根本送不到嘴里，大家都吃不着啊！"佛祖叹了叹气。

佛祖又把三个皮匠放出来。只见他们精神焕发、红光满面，还乐呵呵地说："感谢佛祖，让我们尝到了世上最珍美的东西！"

和尚们不解地问："你们是怎样吃到食物的？"三个皮匠异口同声地说了一句话，和尚们听了羞愧满面，窘得一句话也说不出来。

佛祖感慨万千地说："可见狭隘自私，会导致愚蠢无能；只有团结互助，才能产生聪明才智啊！"

思考？

你能猜到皮匠们说了什么吗？他们是通过怎样的方式吃到可口的饭菜的？

生涯导航

团队合作的条件

无论是学习、生活还是工作，我们都很难脱离团队合作。团队以多种形式存在，如一个班的学生，一次文艺汇演的小组，一支篮球队等。但并非所有合作都能和谐顺利，合作也需要符合相应的基本条件。合作的基本条件主要有：

1. 同样的愿景目标。任何合作都需要有共同的目标，至少是短期的共同目标，否则就谈不上合作了。

2. 统一的认识和规范。对于目标的

实现途径及具体步骤等，合作者应有基本一致的认识。合作者应共同协商、制定并遵守符合社会规范的群体规则。如各合作者一起讨论并制订了行动计划，则每个人就应当按时按量完成自己所负责的部分。

3. 相互信赖的合作气氛。团队合作者之间应相互理解、彼此信任、互相支持，即使遇到分歧也心平气和地协商解决，保持良好的团队气氛，才能达成有效合作。

4. 具有一定的物质基础，使合作能维持并发展下去。必要的物质条件（包括设备、通信和交通器材等）是合作能顺利进行的前提。空间上的最佳配合距离（如成员分别在城南城北，则选城中为集合地点等，相互迁就），时间上的准时、有序，都是确保合作顺利进行的重要因素。

5. 团队利益与个人利益之间的平衡。利益是团队合作中非常现实的问题。在团队中，每个人的利益不仅取决于自己的选择，还取决于博弈中其他合作者的选择，而要想团队合作能顺利进行，需要每一个合作者都意识到不能只按照自己的利益做决策，而应更多地考虑团队利益。

在团队合作中获得成长

良好的团队合作可以充分调动团队内成员的所有资源和才智，产生一股强大而持久的力量，从而实现“整体大于部分之和”的效果，还能促进成员的自身发展。

1. 不计较一时的得失。如果一个人过分计较眼前的得失、坚持个人利益最大化原则的话，他就不能得到他人的认可与支持，不仅团队合作无法继续，他自身也不能获得长远的发展。

2. 合理面对竞争。在团队中，虽然个体间是彼此合作的关系，但不可避免地也会遇到竞争。如在人员安排方面，谁担任团队的领导者，谁来承担哪部分工作等。人处于竞争环境下，更能激发出潜能和创造力，而且个体还能更好地认识自己，发现自己和他人的差距，并及时改进。因此，适当的竞争意识能够促进团队的竞争力及积极性的提升。

3. 在团队中承担不同的角色和任务。要想在团队活动中获得自我提升，还需要学会换位思考，要设身处地地为他人着想，并提供支持。团队中每个人都要有机会承担不同的角色，如固化不变则容易让其他非领导者出现懈怠、游离于团队之外的情况，更难以理解各成员的想法。

思考？

你在学习生活中有通过团队合作完成某件事情的经历吗？说说你从中得到的收获。

生涯体验

玻璃弹珠

一、活动步骤

1. 准备一个装满玻璃弹珠的罐子。必须要清楚罐子里玻璃弹珠的数量。

2. 随机找个人，让他推测罐子里玻璃弹珠的数量。

3. 找一群人，让每个人看过后推测罐子里弹珠的数量。给予他们 30 分钟时间来推测计算弹珠的数量。计算所有推测数的平均数、中位数、方差等，并记录所得结果。重复以上过程至少 3 次。

4. 公布答案，对比一个人的结果和一群人得出的结果。

二、活动思考

1. 是个人推测的结果更准确还是团队计算的结果更准确？

2. 为什么会出现这样的对比结果？

生涯拓展

电影推荐：《中国合伙人》

导演： 陈可辛

梗概： “土鳖”成东青、精英孟晓骏、浪漫诗人王阳，这样三个各走极端的人，竟戏剧性地建立了友谊。三人均怀抱着一个美国梦，但申请签证的结果是：两个成功，一个被拒。眼看两个好友出国圆梦，成东青延续失败的命运，只能留在燕大任教，却又因在外私自授课被校方发现并被除名。多年后，成东青请王阳加入一起办补习班，并邀请孟晓骏回国强势加盟，正式开办“新梦想”学校。三人凭借个人魅力，让“新梦想”空前成功。然而由于一些矛盾，孟晓骏远走沈阳，三人的友情面临重重考验。但大时代一幕又一幕的挑战，包括1999年中国驻南斯拉夫大使馆被北约军机轰炸，还有ETS美国普林斯出版社控告“新梦想”侵犯版权……又把三人再次凝聚起来，共同面对“新梦想”的困境……

开动脑筋

找机会看看《中国合伙人》这部电影，说说三个“合伙人”经历了哪些考验，他们是如何克服并获得成功的？

10 职业兴趣探索

生涯寄语

你喜欢的事情，未必能做好；但你能做好的事情，一定不是你讨厌的。

——《你的坚持，终将美好》人民日报社新媒体中心

思考？

当一个人的职业兴趣与职业匹配时，他就能获得更高的成就感和幸福感。你了解什么是职业兴趣吗？

生涯故事

寻找通往世界的钥匙

伊科诺姆是一位著名的翻译家，他精通 42 种语言，一个月内就能把新学的语言说得朗朗上口。而他的传奇人生始于他童年时代的奇妙际遇。

伊科诺姆出生在希腊一个风光旖旎的岛上，小时候经常在海边玩耍。一天，几个外国游客对他说着他听不懂的话。但他猜游客想表达的是喜欢他手里美丽的贝壳，于是送了对方两个贝壳，并获得一美元的报酬。从此，他对来自不同国家的游客感到十分好奇，并且对他们所说的语言产生了浓厚兴趣。早在六七

岁时，他就开始看书自学德语。后来，他花了7年时间系统地学习德语，达到熟练的程度。

在白天繁忙的笔译工作之后，每天傍晚，伊科诺姆会先看俄罗斯谈话节目，接着同时看西班牙语与葡萄牙语的新闻，然后再看阿尔巴尼亚的连续剧，放松一下疲惫的大脑。有时他也会看中国节目。他说："学语言没有什么难易之分，只要真正爱上某种语言，任何人都能学会。现在就更容易了，你可以通过互联网和卫星电视来学习语言，沉浸在那种文化之中。"

思考？

伊科诺姆为什么能成为著名的翻译家？你知道自己的兴趣是什么吗？你是否想过如何将兴趣发展成为自己未来的职业？

生涯导航

霍兰德职业兴趣类型

美国职业指导专家霍兰德认为，个人职业兴趣特性与职业之间应有一种内在的对应关系。如果一个人的兴趣爱好、人格类型与其从事的职业比较匹配的话，他的职业生涯会更顺利更幸福。根据兴趣的不同，人格可分为以下六个类型，每个人的性格都是这六个类型的不同程度组合。

1. 社会型（S）。喜欢与人交往，善言谈，愿意教导别人；关心社会问题，看重社会义务和社会道德；适合从事提供信息、启迪、帮助、培训、开发或治疗等工作，并具备相应能力，如教育工作者、社会工作者（咨询人员、

公关人员）。

2．企业型（E）。追求权力、权威和物质财富，具有领导才能，敢冒风险、做事有较强的目的性；具备经营、管理、劝服、监督和领导才能，适合从事实现机构、政治、社会及经济目标的工作，如项目经理、销售人员、营销管理人员、政府官员、企业领导、法官、律师。

3．常规型（C）。尊重权威和规章制度，按计划办事，细心、有条理；习惯接受他人的指挥和领导，关注实际和细节，谨慎和保守，富有自我牺牲精神；注意细节、精确度、有系统有条理，具有记录、归档、据特定要求或程序组织数据和文字信息的职业，并具备相应能力，如秘书、办公室人员、记事员、会计、行政助理、图书馆管理员、出纳员、打字员、投资分析员。

4．实际型（R）。愿意使用工具从事操作性工作，偏好于具体任务，不善言辞，做事保守，较为谦虚；缺乏社交能力，通常喜欢独立做事；对要求具备机械方面才能、体力或从事与物件、机器、工具、运动器材、植物、动物相关的职业有兴趣，并具备相应能力，如技术性职业（计算机硬件人员、摄影师、制图员、机械装配工）、技能性职业（木匠、厨师、技工、修理工、农民、一般劳动）。

5．研究型（I）。抽象思维能力强，求知欲强，善思考，不愿动手；喜欢独立的和富有创造性的工作；知识渊博，不善于领导他人；喜欢智力的、抽象的、分析的、独立的定向任务，适合从事要求具备智力或分析才能，并将其用于观察、估测、衡量、形成理论、最终解决问题的工作，并具备相应的能力，如科学研究人员、教师、工程师、电脑编程人员、医生、系统分析员。

6．艺术型（A）。有创造力，乐于创造新颖、与众不同的成果，渴望表现自己的个性，实现自身的价值；做事理想化，追求完美，不重实际；具有一定的艺术才能和个性；善于表达、怀旧、心态较为复杂；喜欢要求具备艺术修养、创造力、表达能力和直觉并将其用于语言、行为、声音、颜色和形式的审美、思索和感受的工作，并具备相应的能力；不善于事务性工作。擅长的职业如艺术方面的演员、导演、艺术设计师、雕刻家、建筑师、摄影家、广告制作人，音乐方面的歌唱家、作曲家、乐队指挥，文学方面的小说家、诗人、剧作家。

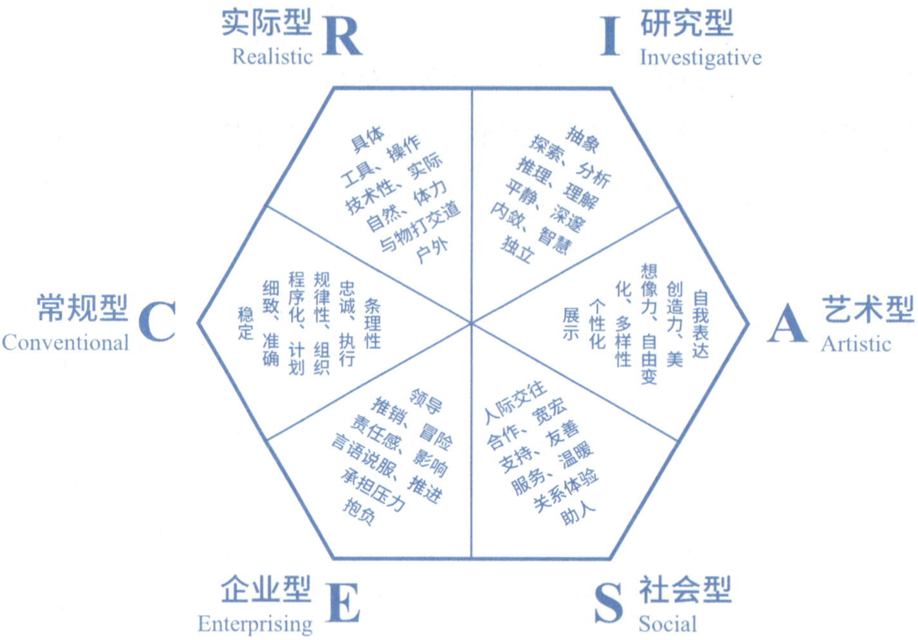

霍兰德职业兴趣类型

思考？

你觉得你的性格是这六个类型中的哪一个或者是哪几个的组合？

生涯体验

兴趣幻游之旅

假如你有一次免费旅游的机会，要在六个风格迥异的岛屿中进行选择，并在那里生活一周，仅凭兴趣来看看你最想去的是哪三个小岛吧！

A 岛——美丽浪漫之岛　这个岛上到处都有美术馆和音乐厅，弥漫着浓厚的艺术文化气息。人们保留着传统的舞蹈、音乐与绘画。许多文艺名人都喜欢来到这里寻找灵感。

C 岛——现代井然之岛　这里处处耸立着现代建筑，这是一个现代化都市形态的岛屿，岛上的户政、地政及金融管理都很完善。人们的个性理性保守，处事有条不紊，善于组织规划。

E 岛——显赫富庶之岛 这里经济高度发展，到处都是高级饭店、娱乐场所。岛民性格热情豪爽，善于经营和贸易，追求高品质生活。岛上往来者多是政商界名流，如企业家、经理人、政治家、律师等。

I 岛——深思冥想之岛 这个岛山清水秀，适合夜观星象。岛上遍布天文馆、科技博物馆、科学图书馆。岛民都喜欢独自钻研学问，沉思冥想，探究真知。哲学家、科学家和心理学家常常聚集在一起讨论学术，交流思想。

R 岛——自然原始之岛 这个岛屿生态优良，有热带雨林等原始生态系统，建立了相当规模的植物园、动物园、水族馆。岛民擅长手工制造，自己种植花果，栽培蔬菜，修缮房屋，打造器物，制作工具。

S 岛——温暖友善之岛 岛民性情温和，人际关系和谐友善。大家互帮互助，重视教育。每个社区都能自成一个成熟的、密切互动的服务网络，处处充满着人文关怀气息。

你最想去的岛是：______岛，度假______天；其次是：______岛，度假______天；最后是：______岛，度假______天。

你选择的这三个岛，代表的是你目前的职业兴趣类型。这就是著名的霍兰德职业六边形理论。

生涯拓展

霍兰德职业代码对照

R（实际型）：木匠、农民、操作 **X** 光的技师、工程师、飞机机械师、鱼类和野生动物专家、自动化技师、机械工（车工、钳工等）、电工、无线电报务员、火车司机、长途公共汽车司机、机械制图员、机器修理工、电器师。

I（研究型）：气象学者、生物学者、天文学家、药剂师、动物学者、化学家、科学报刊编辑、地质学者、植物学者、物理学者、数学家、实验员、科研人员、科普作家。

A（艺术型）：室内装饰专家、图书管理员、摄影师、音乐教师、作家、演员、记者、诗人、作曲家、编剧、雕刻家、漫画家。

S（社会型）：社会学者、导游、福利机构工作者、咨询人员、社会工作者、社会科学教师、学校领导、精神病工作者、公共保健护士。

E（企业型）：推销员、进货员、商品批发员、旅馆经理、饭店经理、广告宣传员、调度员、律师、政治家、零售商。

C（常规型）：记账员、会计、银行出纳、法庭速记员、成本估算员、税务员、核算员、打字员、办公室职员、统计员、计算机操作员、秘书。

开动脑筋

你的家人和朋友从事哪些职业？你能从他人的言行举止中推断出他们从事的职业类型吗？举例说说你的依据。

11 职业认知启蒙

生涯寄语

人生之路要自己走，要过怎样的人生，完全是自己的选择，只有自己才能赋予生命最佳的诠释。

——佚名

思考？

三百六十行，行行出状元。你有憧憬过自己未来会从事什么职业吗？

生涯故事

职业精神代代传

张留成是一位工作了几十年的老警察，立下了无数功劳。他的孩子张劼如今也是一名“英雄特警”。

2016 年，张劼为阻止嫌犯引爆汽油桶，用血肉之躯冲进火海，受伤严重。在漫长而艰难的康复治疗阶段，他从未想过放弃工作。在张劼住院期间，张留成看着儿子咬牙与伤痛做斗争，说道：“过去你以我为荣，今后我永远为你骄傲！”

后来，张劼终于又回到自己热爱和熟悉的集体中，再次感受到自己当一名特警的意义和价值。之后他一直尽最大的努力做一些力所能及的工作。张劼始终认为：不论是过去还是现在，父亲一直是他的骄傲！

在张劼从警的这几年里，父亲对他说得最多的话就是："要对得起头顶的国徽和身上这身警服，踏踏实实地做好本职工作，在平凡的岗位上做出不平凡的事业！"

思考？

张留成的职业精神对其儿子张劼产生了怎样的影响？张劼在自己的职业发展中又是如何继承和发扬父亲的职业精神的？

生涯导航

我国职业的分类

职业是人们在社会中所从事的作为谋生手段的工作。从社会角度看，职业是劳动者获得的社会角色，劳动者为社会承担一定的义务和责任，并获得相应的报酬。从国民经济活动所需人力资源的角度来看，职业是指不同性质、不同内容、不同形式、不同操作的专门劳动岗位，是指参与社会分工，用专业知识和技能创造物质或精神财富，获取合理报酬，丰富社会物质或精神生活的一项工作。

《中华人民共和国职业分类大典》是我国第一部对职业进行科学分类的权威性文献，把我国职业划分为由大到小、由粗到细的四个层次：大类（8 个）、中类（66 个）、小类（413 个）、细类（1838 个）。细类为最小类别，亦即职业。

八个大类具体如下。第一大类：国家机关、党群组织、企事业单位负责人；第二大类：专业技术人员；第三大类：办事人员和有关人员；第四大类：商业、服务业人员；第五大类：农、林、牧、渔、水利业生产人员；第六大类：生产、运输设备操作人员及有关人员；第七大类：军人；第八大类：不便分类的其他从业人员。

职业本身并无高低贵贱之分，只要是通过自己的正当劳动获得合法收入，都应该受到同样的尊重。作为社会主义新时代接班人，我们需要认清现存的认知偏见，丰盈内心，提升眼界，打开格局，方能够见识到这个职业世界的博大。

从自身出发，我们能做到的，就是在选择职业时，更多以自己的兴趣、成就感等作为评价的维度，不受或者少受一些社会偏见的影响。

思考？

你未来想从事什么职业？为什么？

生涯体验

我的家庭职业树

要想探索自己的职业兴趣方向，我们还需要从探索身边人的职业开始。请将家庭成员的职业填写在右边小树的椭圆中。完成后，请思考以下问题，并把自己的答案填写在横线上。

1. 在家庭职业树中，哪些职业是你感兴趣的？为什么？

____

____

____

2. 除了以上职业，你是否对周围熟悉的某个职业感到向往呢？

____

____

小小采访员

请你在学校中随机选择一个人进行职业相关信息的采访。采访问题可参考以下内容。

1. 您是如何找到这份工作的？
2. 您的岗位职责是什么？
3. 就您的工作而言，您最喜欢什么？最不喜欢什么？
4. 在工作方面，您每天需要做些什么？
5. 在这个岗位上，要获得成功必须具备什么能力？
6. 您认为什么样的性格、品质和能力对于做好这份工作是最重要的？
7. 您的工作需要经常加班吗？
8. 给现在的学生一些学习方面的建议。

采访后，向他人分享采访的结果及心得体会。

生涯拓展

职业采访

根据你的兴趣，对家庭成员进行采访，深入了解其工作环境、工作内容、能力要求等内容，并在小组内进行分享。

职业名称	工作内容	工作环境	能力要求	收入情况

筑梦青春 逐光而行

生涯规划与成长指引手册

主 编 彭 盛

副主编 杨冰瑶

九年级

生涯管理与规划

华南理工大学出版社

SOUTH CHINA UNIVERSITY OF TECHNOLOGY PRESS

·广州·

图书在版编目（CIP）数据

筑梦青春，逐光而行：生涯规划与成长指引手册．九年级　生涯管理与规划 / 彭盛主编．-- 广州：华南理工大学出版社，2024．9．--ISBN 978-7-5623-7778-8

Ⅰ．G633．933

中国版本图书馆 CIP 数据核字第 2024WA8270 号

Zhumeng Qingchun，Zhuguang Er Xing——Shengya Guihua Yu Chengzhang Zhiyin Shouce：Jiunianji Shengya Guanli Yu Guihua

筑梦青春，逐光而行——生涯规划与成长指引手册：九年级　生涯管理与规划

彭　盛　主编

出 版 人：柯　宁

出版发行：华南理工大学出版社

（广州五山华南理工大学 17 号楼，邮编 510640）

http: //www. scutpress.com.cn　　E-mail: scutc13@ scut.edu.cn

营销部电话：020-87113487　87111048（传真）

策划编辑：吴翠微

责任编辑：欧建岸

责任校对：王洪霞

印 刷 者：广州小明数码印刷有限公司

开　　本：787mm × 1092mm　1/16　**总印张：**12.75　**总字数：**208 千

版　　次：2024 年 9 月第 1 版　**印次：**2024 年 9 月第 1 次印刷

定　　价：69.00 元（共 3 册）

编委会

前言

青少年承载着无限的潜能和可能性。如何引导他们学会规划未来的人生道路，实现自我价值，是教育的重要任务之一。中学时期是一个人认识自我、探索自我和提升自我的关键阶段，加强中学生生涯规划指导，为他们指明成长成才的方向，是人才培养的关键一步。

为帮助学生了解自我、认识社会、明确目标，更好地应对未来社会对人才的需求，我们精心编写了这套《筑梦青春，逐光而行——生涯规划与成长指引手册》，旨在为中学生提供一套实用的生涯规划指南，助力他们在成长的道路上更加自信地前行。

这套手册分为三册，每册针对不同年级学生的心理特点和成长需求，科学地设计了不同的课题和实践活动。

第一册《七年级　生涯唤醒与适应》供七年级学生使用，旨在唤醒学生的生涯意识，引导他们认识自我、了解社会，帮助他们适应中学生活。通过对性格探索、时间管理、目标设定、师生关系和同伴关系处理等内容的学习，学生将初步认识到生涯规划的重要性，并开始思考自己的未来方向。

第二册《八年级　生涯探索与实践》供八年级学生使用，旨在进一步引导学生深入探索自我，挖掘自己的潜能、兴趣和明确职业倾向，增强其对职业世界的认识和理解。通过学会管理情绪、加强与家人和社会的沟通等内容，学生可以为未来的职业探索做好充分准备；通过体验兴趣职业、探索职业信息等实践活动，学生初步接触社会，了解

不同职业的特点和要求，为未来的职业规划打下坚实基础。

第三册《九年级　生涯管理与规划》供九年级学生使用，旨在引导学生明确自己的职业目标和人生方向，制定切实可行的生涯规划方案。在这一阶段，学生将学习如何根据自身特点和市场需求进行职业选择，以及如何在实践中不断完善自己的生涯规划。通过了解价值观与选择、认识性别角色等内容，学生将更进一步掌握生涯管理的方法和技巧。

在编写这套手册的过程中，我们注重理论与实践相结合、知识性与趣味性并重，强调以学生的兴趣为出发点。每一课都分为五个板块，学生可从“生涯寄语”的名人名言中汲取力量，从“生涯故事”的名人案例、趣味故事中感悟人生，从“生涯导航”的知识海洋中汲取养分，从“生涯体验”的实践活动中锻炼能力，最后在“生涯拓展”的知识推荐中拓宽视野。五个板块相辅相成，共同构成学生成长的阶梯。

本套手册不仅是一部为青春导航的指南，更是一次关于青春、梦想和成长的深度对话，它将陪伴学生度过初中三年的美好时光，助力学生在每一次的探索与实践中发现自己的潜能，让学生描绘出属于自己人生的精彩画卷。

同学们，怀揣着对梦想的热爱与执着，在未来的道路上勇往直前、逐光而行，直至理想的彼岸吧！

目录 CONTENTS

1 了解价值观与选择

生涯寄语

这个世界上根本没有正确的选择。我们只不过是要努力奋斗，使当初的选择变得正确。

——［日］村上春树

思考？

价值观是人生的指南，它影响着我们对大小事物的选择。你了解自己的价值观吗？

生涯故事

幸子的舒心博客

都说“大器晚成”。但如果你在耄耋之年才“成才”，你还有激情和动力开启自己全新的人生吗？

堀江幸子，一位年过九旬的日本老婆婆，从2006年2月开始，每天坚持上传自己画的水彩画和私人日记到自己的博客——“幸子的舒心博客”。博客每日点击率高达两万。其上传的绘画作品达2000多张，主要是描绘身边事物的静物画，主题多样，有冬日的公园风景、动物等。由于幸子的画作风格清新，让人心旷神怡，因此其博客被广大网友誉为“治愈”博客。

年迈的幸子画一张笔记本大小的水彩画，加上休息需要花费一到三个小时。每天，她戴上老花镜坐在可调节高度的笔记本电脑前，用扫描仪把画扫描之后，便开始用食指逐字输入文字更新博客。

根据日本厚生劳动省的调查，日本65岁以上老人的独居比率达到了24.2%，老年人需要通过一些活动来排解独居的寂寞心情。幸子的故事在日本鼓舞了很多老年人，幸子曾满面春风地对前来采访的记者说：“我还想进行新的尝试，只要不生病，就算到100岁也要坚持下去。”

思考？

你如何看待幸子每日的坚持以及勇于尝试新鲜事物的态度和行为？你知道是什么鼓励着幸子选择创造丰富多彩的人生吗？

生涯导航

价值观地图

每个人想要的事物多样且数量庞大，需求无限但资源有限，这就需要我们做出选择。在取舍之间，每个人有自己的专属准则：什么最重要，什么不那么重要，什么不重要等。而这些事物的重要程度排列则属于价值观范畴。

施瓦茨在其描绘的价值观地图中，定义了10种不同文化背景下人们的普遍价值观。

1. 精彩刺激：兴奋、新奇和生活中的各种挑战。如冒险、变化、刺激的生活。

2. 独立自主：指思想和行为的独立——选择、创造、探索。如创造性、好奇、独立、选择自己的目标。

3. 博爱：理解、欣赏、包容和保护所有人以及自然的福利。如公平公正、心胸开阔、世界和平、保护环境等。

4．友善：保护和提高自己熟识的人们的福利。

5．老实听话：克制一切可能伤害他人或者违背社会准则的行为、倾向、思想等。如服从、自律、礼貌等。

6．保守：尊重、接受、保护文化和宗教的习俗和理念。如接受生活的命运安排、尊重传统、谦卑等。

7．安全：和谐，社会环境、关系以及自我的稳定。如家庭安全、国家安全，社会秩序、互惠互利等。

8．权力地位：社会地位与声望，对他人以及资源的控制和统治。如社会权利、财富等。

9．成就：指根据社会标准，通过实际竞争和自身能力所获得的个人成功。

10．享乐：个人的快乐或感官上的满足。

根据基本动机，这 10 种价值观可以排列成如下价值观地图，将价值观分成“开放”“保守”“追求卓越”和“仁慈博爱”四个类型。其中，“开放”表示关注个人自由、悦纳改变；“保守”指遵守秩序、沿袭传统；“追求卓越”强调个人利益与成功；“仁慈博爱”指谋求社会共同福祉。

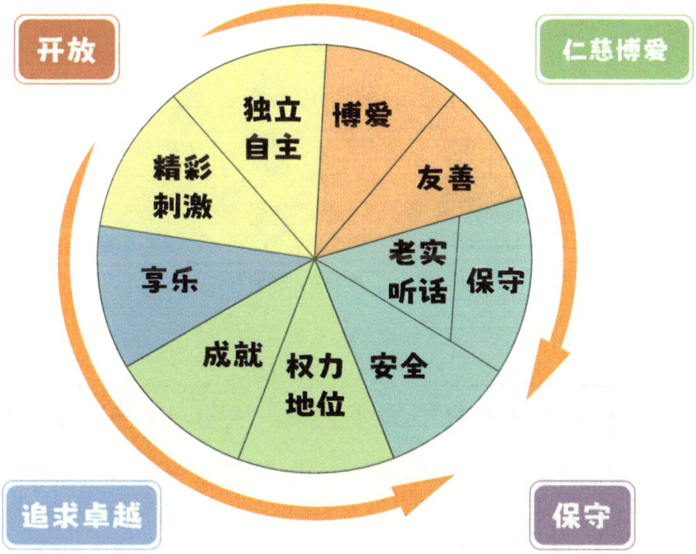

价值观地图

价值观是相对稳定存在的，但并非一成不变，它会受到许多因素的影响，包括年龄、受教育程度以及成长经历和环境，其中年龄对价值观的影响具有普遍规律性。施瓦茨通过研究得到，人的价值观可以通过以下 3 种途径改变。

1. 随着年龄的增长，价值观从开放向保守转变。年轻时，人们悦纳并勇于改变，通过不断战胜困难以提升自我。年复一年，个人在事业和家庭上也取得稳定的成就，更倾向于选择平稳安全的生活，也会更加重视集体福利。

2. 受教育水平越高，越倾向于开放和自主的价值观。学习越多，接受的新思想就越多，价值观就越趋向独立自由。

3. 经历重大事件也会对个人价值观产生影响。人们在遭遇战争、天灾等重大事件后，会更加倾向于选择安全保守的价值观，在其心目中家庭与亲情的地位会愈发重要。

生涯体验

生命中的那些人和事

请你找一个安静舒适的环境，思考以下问题并记录下来。

1. 写下你生命中最重要的 10 件物品：

① ____________　　⑥ ____________

② ____________　　⑦ ____________

③ ____________　　⑧ ____________

④ ____________　　⑨ ____________

⑤ ____________　　⑩ ____________

2. 假如我们遇到突发情况不得不放弃一些东西，这 10 件物品里你首先放弃的是：

____

____

3. 接下来你还必须依次放弃几样物品。请按物品对你的重要程度，逐一画掉对你不那么重要的物品，最后剩下一到两项。

4. 你最后剩下的物品是：

____

____

5. 思考以下问题：

（1）你最开始选择这 10 项物品的依据是什么？

（2）你是出于怎样的考虑逐一放弃这些物品的？

（3）这对你有什么启发？

生涯拓展

电影推荐：《遗愿清单》

导演：［英］罗伯·莱纳

梗概：两个处于癌症晚期的患者在得知自己患病并不久于人世后，积极策划在剩下的日子里该如何度过精彩而又欢乐的人生。面对临近的死亡，两位患者突然决定要写下“遗愿清单”并付诸行动去实现。随着清单上所列的项目逐一实现并被慢慢画去，两人却不断有更多的愿望添加进去。在生命的最后几个月，两位患者终于真正明白了生活的意义。他们用所剩不多的时间，让自己的生命变得彻底圆满，同时也发现了那个一直躲藏在躯壳之下的真实的自我。

开动脑筋

找机会看一看《遗愿清单》这部电影，想一想是什么促使两位患者写下“遗愿清单”并付诸行动去实现的。

2 我的人生成长故事

生涯寄语

生命就像一场旅行，重要的不是目的地，而是沿途的风景以及看风景的心情。

——佚名

思考？

人生就是一段不断成长的旅程，充满了机遇和挑战。你有怎样的成长故事呢？

生涯故事

全红婵的夺冠之路

在跳水界，全红婵的名字犹如一颗璀璨的星辰，光芒四射，令人瞩目。这个喜欢在背包上挂满小乌龟年仅十七岁的女孩，以她独特的风格和无比的毅力，在跳水的道路上创造了一段传奇，成为世界瞩目的焦点。然而全红婵的夺冠之路并非一帆风顺，而是充满了挑战和坎坷，但正是这些经历造就了她坚韧不拔的性格和精湛的技艺。

全红婵出生于广东省湛江市麻章区麻章镇迈合村。湛江有“中国跳水之乡”

之称，曾出过陈丽霞、劳丽诗、何冲、何超等多位世界冠军。2014 年，小学一年级的全红婵被时任湛江市体校跳水教练陈华明看中，由此开启了跳水生涯。

全红婵从七岁开始踏入跳水这个领域。对于大多数人来说，这是个陌生的领域，但是全红婵却凭借她那与生俱来的勇气和决心，一步步向前，走上了世界舞台。初入体校，她面临着许多困难和挑战，但她从未退缩，凭借顽强的毅力和决心迅速成长为中国跳水界的耀眼新星。

作为世界冠军，全红婵清贫的家境同样吸引了大家的目光。全红婵的父亲靠务农为生。全红婵所在的村里有 38 户低保户，全红婵家就是其中之一。全红婵母亲患了病，贫穷的家庭连治病的钱都拿不出。全红婵不知道母亲得了什么病，但她知道，站上了跳水台能赚到奖金给母亲治病。

人们把她的成功归结为上天的恩赐，所以理当一帆风顺，却忽视了她每一个耀眼的成绩背后，都是夜以继日的苦练。鲜有人知的是，夺冠之后，全红婵进入痛苦的发育期，身高体重都在增长。跳水运动员每长一两肉都足以让教练战战兢兢，原来可以轻松完成的动作，在身体发育之后会变得很吃力，被一种“沉重感”牵绊，跳不动、翻不动都是常有的事。而且男孩子发育长肌肉，女孩子发育会长脂肪，这让体重控制更加艰难。身高的变化，也让很多动作都需要重新调整。用“跳水皇后”高敏的话来说，全红婵今后的几年，可能会像走钢丝。

好在尽管艰难，她还是度过了这一难关，并迭创佳绩为国争光：2024 年 2 月，全红婵获得 2024 年世界游泳锦标赛女子 10 米台冠军；6 月，全红婵搭档陈芋汐获得世界杯总决赛女双 10 米台冠军，实现世界杯该项目六连冠；7 月 31 日、8 月 6 日，分别获得巴黎奥运会跳水女子双人 10 米台金牌、跳水女子 10 米跳台金牌，成为中国奥运历史上最年轻的三金得主。

思考？

全红婵的成长经历是否一帆风顺？荣誉和苦难分别给了她什么样的收获？

生涯导航

为成长“复盘”

人生有起伏，成长过程中的不同故事让人有不同的收获，成功与失败都是我们宝贵的人生财富。高峰有高峰的甜蜜，低谷有低谷的滋味，成功有成功的收获，失败有失败的经验，如果我们对不同的经历都抱着学习和成长的心态，学会总结成功的方法，复盘失败的教训，相信未来一定会更美好。

复盘一词来源于围棋术语，本意是对弈者下完一盘棋之后，重新把过程摆一遍，看哪些地方下得好，哪些不好，总结经验。在头脑中把过去做的事情“过”一遍，通过对过去的思维和行为进行回顾、反思和探究，找出原因，总结规律，指导我们解决问题，提升能力。复盘最重要的，在于保持一种“成长思维”，复盘的核心价值在于“巩固成功与改正错误”，核心目的是让人从行动中汲取经验教训，并将这些经验应用于后续的改进之中。

为什么要复盘呢？复盘让你“温故而知新”，助你将过去的经验转化为能力，激发创新。我们需要对失败复盘，避免重复犯错；更需要对成功复盘，不断复制成功。

复盘要保持正确的心态，否则有可能浪费时间还收效甚微。下面是正确的复盘心态和错误的复盘心态的对比，希望大家能树立正确的复盘心态。

正确的复盘心态

- 诚实记录，不自欺
- 每日复盘，做好记录
- 不纠结过去，努力创造未来
- 深度思考，找出问题根源，复制成功经验
- 更关注自我可控制和影响的部分，强调主观能动性
- 实践复盘所得，形成正向循环
- 积极看待，不否定自己，持续迭代

错误的复盘心态

- 自我安慰式记录，打卡
- 一周后再复盘，记不清
- 努力却看不到成果，焦虑
- 陷入自我感动式努力
- 强调客观原因，忽略主观因素
- 复盘完仍采用旧习惯，重犯老毛病
- 易放弃，得过且过

复盘的心态

这里介绍两种复盘法。

KISS 复盘法。是一种科学的活动复盘方法，用于促进下一次活动更好地展开，常被应用于活动策划落地执行或者活动执行结束后总结使用。

K（keep）——需要保持的：哪些做得好，以后继续保持。

I（improve）——需要改进的：哪些不理想，后续需要改进。

S（stop）——需要停止的：哪些不利行为，需要停止。

S（start）——需要开始的：哪些东西缺失，需要开始执行。

GRAI 复盘法。是一个围绕目标，注重结果和目标之间的偏差，从中分析原因并总结规律的复盘方法。具体来说，可以按照下面这个顺序来展开。

G（goal）回顾目标：当初的目的或期望是什么。

R（result）评估结果：和原定目标相比有哪些亮点和不足。

A（analysis）分析原因：事情成功和失败的根本原因，包括主观和客观两方面。

I（insight）总结规律：通过以上的分析找到实物更有效、更符合本质规律的做法。

思考？

请对你最近的一次考试进行复盘，思考做错的地方是什么原因造成的，学会巩固成功与改正错误。

生涯体验

回顾我的人生成长故事

画一画你的人生起落图，回顾高峰与低谷，复盘成功与失败，说说它们分别给了你什么样的感悟。

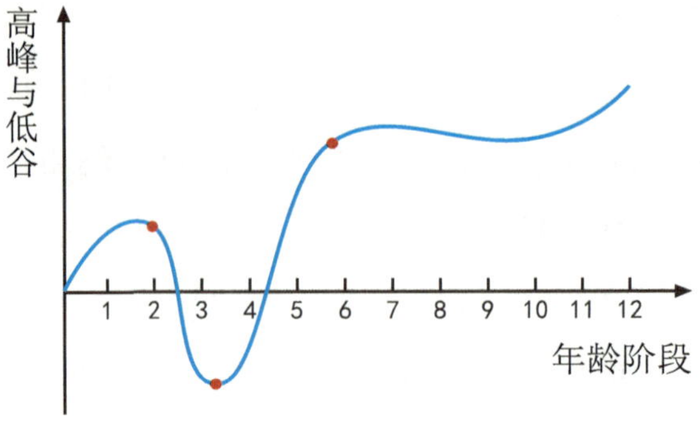

人生起落图

生涯拓展

电影推荐：《阿甘正传》

导演：［美］罗伯特·泽米吉斯

梗概：阿甘于二战结束后不久出生在美国南方亚拉巴马州一个闭塞的小镇，他先天弱智，智商只有75。然而他的妈妈是一个性格坚强的女性，她常常鼓励阿甘“傻人有傻福”，要他自强不息。阿甘像普通孩子一样上学，并且认识了一生的朋友和至爱珍妮。在珍妮和妈妈的爱护下，阿甘凭着上帝赐予的“飞毛腿”开始了一生不停的奔跑。阿甘成为橄榄球巨星、越战英雄、乒乓球外交使者、亿万富翁，但是，他始终忘不了珍妮。几次匆匆的相聚和离别，更是加深了阿甘对珍妮的思念。有一天，阿甘收到珍妮的信，他们终于又要见面……

开动脑筋

找机会看看《阿甘正传》这部电影。想一想：阿甘的人生遇到了哪些坎坷？他是怎么面对的？你有什么感悟？

3 寻找生命的火花

生涯寄语

生命的火花不是目标，而是对生活的热情。

——《心灵奇旅》

思考？

当你想要生活的那一刻，火花就被点亮了。你的生命中有哪些火花瞬间呢？

生涯故事

电影《心灵奇旅》片段节选

在纽约市熙熙攘攘的人群中，有一个名叫乔伊·高纳的中学音乐老师。乔伊的生命中只有一个梦想，那就是成为一名伟大的爵士钢琴家。他的手指像是被魔法触摸过一样，在黑白键上跳跃，创造出让人心灵颤动的旋律。然而，现实却总是不尽如人意，他的日子在平凡的教学和无休止的试镜中一天天流逝。

直到有一天，乔伊得到了在传奇爵士乐俱乐部演出的机会，他的心中充满了激动和期待。但就在这个关键时刻，一场意外将他的灵魂带到了一个遥远的地方——心灵世界。在那里，他遇到了一个叫22号的顽固灵魂，她对人间的生活毫无兴趣。乔伊为了回到现实，必须帮助22号找到她的“火花”——灵魂的独特激情。

在他们的旅程中，乔伊和22号遇到了一位女爵士乐手。她是那种在舞台上光芒四射的人，但在舞台下却保持着平静和谦逊。乔伊向她倾诉自己对音乐的渴望和对成功的追求。女爵士乐手微笑着告诉他一个故事。

有一次，一条小鱼游到一条大鱼面前，问道：“我要如何找到一个他们都称为海洋的地方？”大鱼笑了笑说：“大海？你已经在大海中了啊！”小鱼却不理解，说道：“这里？这里是水！我想要的是大海！”

乔伊听后恍然大悟。他意识到，他一直追求的不仅仅是成为一名爵士钢琴家，而是通过音乐与世界连接的那种感觉。他的“大海”就在他的指尖，就在他每次触键时心灵的震动中，他一直都在自己的大海里……

思考？

在故事中，乔伊发现了他的“大海”。你觉得你生命里的“大海”是什么？是什么让你产生了对生命的热爱？

生涯导航

生命的“火花”

在《心灵奇旅》电影中，乔伊一直在帮助灵魂22号寻找它的生命“火花”，两人费尽周折但苦寻无果，但心灵学院的辅导员一语惊醒梦中人：火花不是目标，而是你想要生活的那一刻，火花就已经被点亮！那么，在现实生活中，什么才是我们的“火花”呢？

积极心理学奠基人米哈里·契克森米哈赖给出了他的答案，他提出一个叫作“心流”（flow）的概念，指的是我们全身心投入地做事情时的感觉。当你沉浸在某项活动中，完全忘记了时间，感觉自己的能力得到了充分利用，这就是心流的状态。在这种状态下，人们经常体验到极大的满足和快乐。

米哈里·契克森米哈赖认为，要达到心流状态，活动应该具有一定的挑战性，能够与个人的技能水平相匹配。如果任务太简单，你可能会感到无聊；如果太难，你可能会感到焦虑。但是，当挑战与技能达到平衡时，你就会进入心流状态。这就是你的“火花”所在，它是你对生活的热爱和投入的体现。

在我们的学习和生活中，找到能引发心流的活动非常重要。它不仅能让你感到快乐和满足，而且还能帮助你更好地专注和提高表现。比如，你可能在实验室做实验时，完全沉浸在探究未知的快乐中；或者在体育课上，你全神贯注地追逐足球，忘记了周围的一切，等等。这些都是我们体验到心流时的感觉。

生命中的“火花”并不总是轰轰烈烈的，它可能就隐藏在平凡的日常之中。当你学会用心去感受，你就会发现，其实每一天都充满了可以点亮我们热爱生命之火的瞬间。所以，让我们保持好奇心，勇敢地追寻那些让我们心跳加速的事物，用热情去拥抱生活吧！

思考？

你最近的“火花”时刻是什么时候？你当时的感受是什么？

生涯体验

活动一：寻找生命中的“火花”时刻

在这个活动中，我们将通过呼吸冥想的方式来放松我们的心灵，回溯那些在我们生命中留下深刻印记的美好瞬间。这些瞬间可能是小小的成就、温馨的家庭聚会，或是任何让你感到幸福和自豪的时刻。我们将这些时刻称为生命中的“火花”。

1. 准备工作：找到一个安静舒适的地方坐下，播放轻柔的背景音乐，放松身心。

2. 呼吸冥想：闭上眼睛，深呼吸，专注于你的呼吸节奏，让身体的每个部分都放松下来。

3. 回忆时光：在心中回想你生命中的重要时刻，从童年到现在，从现在到未来。不需要刻意寻找，让过去的记忆自然浮现，让未来的想象自然发生。

4. 记录火花时刻：睁开眼睛，拿起彩笔，在你的时间轴上标记出那些记忆中的“火花”时刻，并简短描述每个时刻。

5. 分享与讨论：如果愿意，可以与同伴分享你的“火花”时刻，讨论它们为什么对你如此重要。

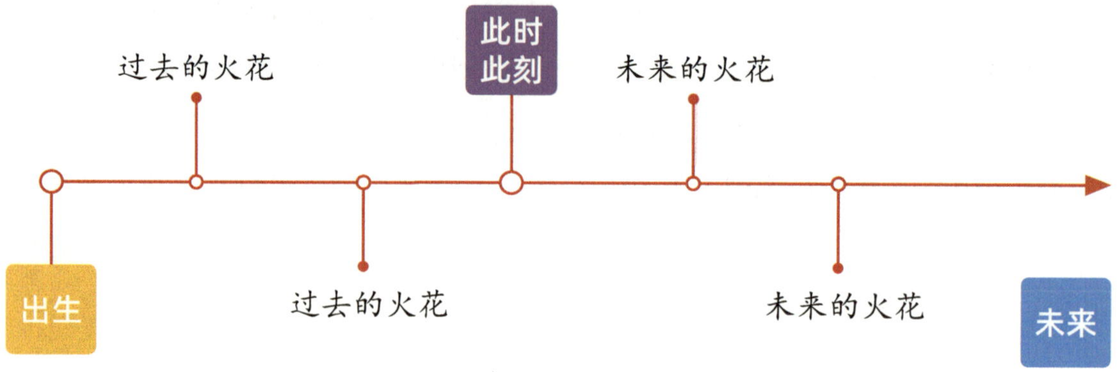

记录火花时刻

活动二：感受生命中的“火花”能量

生活中的“火花”时刻赋予我们能量和动力。在这一部分，我们将运用 3I 理论（I can，I have，I am）来强化火花时刻，通过绘制“火花”能量圈，感受这种生命能量转化为我们人生成长的动力。

请从刚刚回忆的火花时刻中选择对于你个人意义最为重要的一个，在 A4 纸的中心圆内用彩色笔按照以下三个顺序与思路或涂或画或写，记下你生命中蕴藏的如“火花”一般的能量吧！

1. 能量最外圈（I have“我有”）：拥有的外界支持和资源——重要他人、所处环境。

2. 能量中间圈（I can“我能”）：发现和培养自己的能力，以便更好地前进。

3. 能量最内圈（I am“我是”）：探索自己的内在力量——个人优势、态度及信念。

我的火花能量圈

生涯拓展

书籍推荐：《心流》

作者：［美］米哈里·契克森米哈赖

推荐理由：心流理论之父、积极心理学奠基人米哈里·契克森米哈赖在30年前，在研究大量案例基础上，开创性地提出了“心流”的概念。该书系统阐述了心流理论，进入心流状态的条件，从日常生活、休闲娱乐、工作、人际关系等各方面，阐述如何进入心流状态。

对心理学爱好者和研究者来说，《心流》是理解积极心理学等领域不可或缺的理论素材；对大众读者来说，这更是一本提升幸福感和效率的行动指南。

开动脑筋

找机会看看《心流》，想一想：你在学习时该如何进入心流状态？

4 正确认识性别角色

生涯寄语

做自己的梦，走自己的路，顺应天性，快乐洒脱。

——林语堂

思考？

性别不是分界线，我们应该如何打破性别偏见呢？

生涯故事

我是个普通的女孩

“我就是个普通的女孩啊。”小晴眼里噙着的泪水随着尾音缓缓滴落……

一头清爽的短发，圆圆的小脸戴着一副方框眼镜，性格外向的小晴有一副粗哑的大嗓门，经常在班上的女生受到委屈时拔“嘴”相助。运动神经发达的她还是班级参加运动会的主力军，多次为班级夺得第一名。

但，这些也带给了她很多烦恼。同学们因此给她取了个她并不喜欢的绰号，一旦班上有搬书的体力活，或课堂上老师提问有哪个男生来回答一下，大家都高喊小晴的名字……

天气变冷了，妈妈给小晴买了一条新围巾，小晴高兴地戴着这条粉色的围巾上学，想要与同学们分享自己的喜悦。可未曾想到，满心喜悦的她迎来的却是同学们的嘲笑……

“我真的——搞不懂大家为什么要这么对我——我也是女孩啊！”

思考？

大家为什么要嘲笑小晴？真的是小晴的问题吗？

生涯导航

打破性别角色刻板印象

由于社会环境、教育、历史传统等原因，人们对性别特征会出现固化认知现象，并且这样一种认知对我们的生活有很深的影响，常常导致一些打破性别刻板印象的人深受其害，背负舆论的压力。比如，有些人看到一个剃平头穿宽松T恤牛仔裤的女生，或者看到一个喜欢粉色物件的男生，就会发出带有恶意的言论，更有甚者，会孤立排斥他们。他们是做了违法违规的事吗？不是！他们泯灭人性、无视道德良心了吗？没有！这仅仅是一种个人选择、个人嗜好而已，就像有人喜欢吃大米，有人喜欢吃面条一样正常。

科学家研究发现，性别角色刻板印象会使人们对两性有不公平的评判。此外，它也会影响到两性的认知、归因、动机、行为以及不同职业的选择。所以，我们要正确认识自己，不要让性别角色刻板印象挡住了真实的自己。

首先，要树立正确的男女性别观。一个人的外貌或活动的变化与性别无关，我们不可能变为相反性别的人。男女性别角色的确定有利于我们顺利成长和适应。

其次，拒绝将自己局限于性别角色。在生活中，我们不可避免会受到性别角色的影响，但是性别角色的不同不能决定其智力、人格等方面的差异，每个人都有机会实现自己的理想，发展自己独特的生涯道路。我们要不断认识自己，接纳自己的优点与不足，不要让性别角色成为限制自己未来发展的理由，也不要让自己的特质在不知不觉中被性别角色的刻板印象强化或削弱。

思考？

生活中，你遇见过哪些带有性别角色刻板印象的事情？你是怎么看待这些事情的？

生涯体验

未来自画像

一、活动目的

正确看待性别角色，打破固有的认知思维。

二、活动步骤

1. 请你想象未来的自己会是什么样的男性（女性）？画出属于你的自画像，并尽可能全面地描述自己未来的气质、形象、职业等。

2. 请你试试看，在自己的男性（女性）角色中加入一些异性特点，看看会发生什么变化。

3. 独立思考：请你认真思考加入异性特点后自我未来形象的变化。跟你的好朋友分享你的发现。

三、活动小结

人类自出生起便踏上了社会性别化的历程，这是个性社会化的一个重要方面，也直接会影响到男性和女性的认知、归因、动机、行为以及不同职业的选择。男女性别角色的确定有利于儿童的顺利成长和适应。但我们应拒绝局限于性别角色，因为生理性别无法完全决定一个人的个性、能力、思维方式等。刻板印象就像一堵看不见的墙，别让这堵墙挡住了真实的你。

生涯拓展

书籍推荐：《假小子戴安》

作者： 杨红樱

推荐理由： 这是一部经历了时间考验的当代儿童文学经典。书中的主角戴安是个仗义的“假小子”，班里的男生被欺负了都得找她撑腰。戴安有谜一样的身世，她和未婚的妈妈相依为命，她的爸爸只出现在她的想象里。性格倔强的戴安为了保护好自己和妈妈，不让人欺负，硬把自己变成了一个粗野强悍的假小子。直到她小学毕业的那个夏天，一个陌生男人突然出现，搅乱了她和妈妈平静的生活，而戴安谜一样的生活也被揭开了……这是一个独特的校园成长故事，有朦胧的青春伤感和爱恨交加的亲情矛盾，它轻松幽默，情感真挚，能引发我们对成长的思考。

开动脑筋

找机会看看《假小子戴安》。想一想：戴安有什么性格特点？她的同学是怎么看待她的？如果你是戴安的同学，你会怎么看待她？

5 做个睿智的决策者

生涯寄语

所谓选择，通常不是“对”与“错”之间的选择，而是“大概是对的”与“也许是错的”之间的选择。

——[美] 彼得·德鲁克

思考？

决策风格影响着我们的选择。当你作重要决策时，你是如何作出选择的？

生涯故事

刷新微软的纳德拉

2019《财富》年度商业人物公布：微软纳德拉居首。

微软公司曾经作为互联网时代的霸主，却一度错失了搜索、移动等创新机会。萨提亚·纳德拉自 2014 年上任微软 CEO，带领微软积极转型，三年时间使微软市值翻番，增加了 3000 亿美元。

纳德拉就任 CEO 期间，很多人认为没有必要进行颠覆性的革新，只需要在前任 CEO 鲍尔默定的战略基础上稳步推进就好。但善思考、高情商的纳德拉却开始了一系列颠覆性的“玩法”：推出针对 iPad 平台的 Office 软件套装，停止向智能手机和小尺寸平板收取 Windows 软件授权费用，推出管理员工移动设备的企业文件应用，带领微软向云计算转型，等等。他提出自我刷新的三个关键步骤：拥抱同理心，培养“无所不学”的求知欲，以及建立成长型思维。面对复杂而严峻的新形势，纳德拉凭着独特的视角与对未来的远见，在各种挑战中作出了诸多准确的战略决策，才实现了微软的成功转型。

思考？

在纳德拉的案例中，你如何看待一个正确决策所起到的作用？

生涯导航

决策及决策风格

人生处处有决策。每个人一生中会遇到许多需要自己做决定的时候。生涯决策是指个人在生涯发展方面的选择历程。每个人在不同的生涯发展阶段，都会遇到不同的生涯问题，需要自己作出选择并对之负责，而这些关键的选择构成了我们个人独特的生涯发展道路。

决策不是主观臆断，是需要方法和技巧的。重大的决策更需要深思熟虑。在决策过程中，如果我们内心十分坚定，没有冲突或矛盾，那么我们很容易便能作出决定；但如果我们处于两难境地时，常常难以抉择。因此，在生涯决策中，我们必须尽可能多地搜集相关信息，通过分析、整理与评估，作出最终的选择。

而所谓的决策风格，是指每个人在长期的决策过程中形成的比较稳定的决策倾向。我们的决策风格对生涯决策有重大影响，不同决策风格的人对决策制定的方式与步骤有不同的偏好，对行动的迫切性有不同的反应，对待风险的态度与处理方法也有所不同。

决策风格类型

一、理性型的决策者

理性型的决策者会依靠理性的思考检验每个选项的利弊得失，并且系统地搜集相关资讯，分析后作出决策。利：做事有条理，了解个人方向；弊：因过于谨慎而错失尝试的机会。

二、直觉型的决策者

直觉型的决策者通常没有对未来进行过多分析或搜集完整的资料，而是依照当时的感觉和情绪进行决定，较为冲动。利：跟着感觉走，容易找到自己的兴趣；弊：冲动，易受主观感觉影响。

三、依赖型的决策者

依赖型的决策者通常将社会标准或他人的期待当作自己的决策基准，有时候他们也会多方搜集别人的意见，把责任交给别人，较为被动与顺从，对自己的决定能力和结果缺乏信心。利：遵从他人建议，少走冤枉路；弊：过分依赖他人导致脱离自身实际。

四、犹豫不决型的决策者

犹豫不决型的决策者大致上明白自己的选择方案，但由于顾虑过多，以至于无法明确作出决定，或是作出决定后，又因为无法坚持而容易动摇和改变。利：审慎思考，想法周全；弊：考虑过多，容易钻牛角尖。

成就事件决策法

成就事件决策（STAR）法是进行生涯决策时常用的工具之一。它鼓励当事人在自己的记忆里寻找自己觉得很有成就感的事情。这个方法就像一个强大的内心动力搜索引擎，帮助我们挖掘自己的价值观，分析自身的性格、兴趣、技能和需要等，对于明晰自己内心的困惑很有帮助。

STAR 法则是一种用于有条理地讲述个人故事及成功经验的有效方法。我们在作决策的时候，可以从以前的成功例子中总结经验，了解自己是怎么做成功的，这个成功例子都使用了一些什么样的方法，采取了什么样的手段。通过这些过程，我们可以了解自己的知识水平、经验、技能的掌握程度以及行事风格、性格特点等。

具体含义是：

Situation：事情是在什么情况下发生的？

Task/Target：你面临的任务（目标）是什么？

Action/Attitude：针对这种情况，你采取了什么行动（态度）？

Result：结果如何？

我们可以根据 STAR 法则写下生活中令自己有成就感的具体事件，然后对其进行分析，看看在此事件中反映了自己的哪些特质、能力和价值倾向。这些成就事件既可以是工作上或学习上的，也可以是课外活动或生活中发生的，其只要符合以下两条标准就可以视为“成就”：

1. 你喜欢做这件事时所体验到的感受；
2. 你为完成该事件所做的努力感到自豪。

在生涯抉择过程中，我们可以借助类似“成功事件决策法”等工具从多方面进行综合分析，从而帮助我们作出适合自己的抉择。不过，无论最终选择的是什么，其实起关键作用的是我们的价值观，即你认为什么“更重要”“更值得”，它指向我们生命中最重要的东西。希望大家在作出决定时能够忠于自己，倾听自己内心的声音，做个有主见的人。

思考？

你的决策风格类型是什么？你遇到过难以决策的事情吗？最后是什么因素影响了你的最终决策？

生涯体验

活动主题：“我”的成就事件

一、活动目的

通过回忆并写下自己的成就事件，进一步掌握成就事件决策法的步骤和作用，体验该决策法的魅力。

二、活动内容

回忆自己的成就故事，思考以下问题，并与家人分享。

1. 为什么在诸多成就事件中选择该成就事件？
2. 该成就事件对你的生涯发展产生了怎样的影响？

生涯拓展

电影推荐：《拯救大兵瑞恩》

导演：［美］史蒂文·斯皮尔伯格

梗概：在 1944 年诺曼底登陆后，瑞恩家 3 名参战的儿子陆续战死，只剩下生死未卜的小儿子詹姆斯·瑞恩。美国陆军参谋长马歇尔在得知此事后，出于人道主义考虑决定力保詹姆斯·瑞恩的性命，派出由米勒上尉领队的八个人到茫茫战海和枪林弹雨中寻找瑞恩的下落，并要求将瑞恩平安护送回国。这八个人中有上尉、医疗兵、狙击手、翻译等。他们为了在战乱中找到瑞恩，历经艰险，有的受伤，甚至有的赔上了自己的性命。他们有过疑惑，有过抱怨，发过“八个人去救一个人是军事资源的浪费”的牢骚。但是军令如山，特别是在战乱的年代，军人的唯一生存法则就是服从命令，唯一精神食粮就是坚信战争会胜利、会成为过去。这条拯救瑞恩的旅程是八人小分队的生死之旅，是一条充斥着鲜血的救赎之路，它考验着每一位战士的生理和心理意志，让每一个身在战争中的人物的个性得到磨炼。

开动脑筋

找机会看看《拯救大兵瑞恩》这部电影，说说是什么原因让参谋长马歇尔作出让八个人去拯救瑞恩一个人的决策。你怎么看他这个决策？

6 拥抱成长型思维

生涯寄语

相信自己能，你就成功了一半。

——[美]西奥多·罗斯福

思考？

成长型思维有助于个人的成长和成功，塑造积极心态。那么我们可以怎样培养成长型思维呢？

生涯故事

卡罗尔·德韦克的“成长型思维实验”

卡罗尔·德韦克把大约 400 名学生随机分为两组，给他们准备了 10 个非常简单的智力拼图游戏。完成测试后，研究人员把分数告诉学生，并且会附加一句鼓励或表扬的话。

A 组学生得到的评语是：哇，你拼对了 8 个拼图，你一定很聪明！

B 组学生得到的评语是：哇，你拼对了 8 个拼图，你一定非常努力地尝试过，所以表现得很出色！

然后，德韦克准备了 10 个同样简单的智力拼图游戏和 10 个复杂一点的拼图游戏，让两组学生自由选择拼图难度，并完成拼图。

思考？

猜一猜，A 组学生和 B 组学生会如何选择？为什么？

生涯导航

固定型思维和成长型思维

上面的实验结果显示：被表扬聪明的 A 组学生，大部分还是选择了简单的拼图任务，而被称赞努力的 B 组学生，90% 选择了更有挑战性的复杂任务。实际上，就是因为一句评语，影响了两组学生的思维模式，导致他们作出了不同的选择。绝大多数聪明组的学生选择简单的智力拼图游戏，因为他们害怕选择难一点的拼图，担心会失败，从而证明自己并不聪明。而绝大多数努力组的学生选择了更难的拼图游戏，因为他们想要挑战自我。其实，聪明组学生的思维模式是固定型思维，而努力组学生的思维模式是成长型思维。

固定型思维和成长型思维是两种不同的思维模式。成长型思维强调个人的成长和发展，认为能力可以通过努力和学习而提升；固定型思维则认为个人的能力是固定的，无法改变的。下面是两者的区别。

1．观念不同。成长型思维认为人的能力可以不断发展和提升，可以通过持续的学习和努力获得新的技能和知识。相反，固定型思维则认为人的能力是天生的，无法改变的，人的优劣是固定的。例如，一个成长型思维的人在面临一个新的挑战时，会想办法提高自己的能力，不断学习、尝试和改进。而一个固定型思维的人则会认为自己无法胜任这个挑战，因为自己的能力固定不变。

2．对失败的态度不同。成长型思维认为失败是一个学习和成长的机会，可以通过失败找到自己的不足并改进自己。相反，固定型思维则认为失败是一件可怕的事情，会让人感到沮丧和失望。例如，一个成长型思维的人在面临失败时，会反思自己的过错并寻找改进的方法。而一个固定型思维的人则会认为自己的失败是因为自己能力不足，因此会放弃尝试。

3．对意见的接受程度不同。成长型思维认为意见可以帮助自己不断成长和提升能力，可以获得更好的结果。相反，固定型思维则认为意见是一种批评，会影响自己的自尊心。例如，一个成长型思维的人在收到他人意见时，会认真听取并尝试改进自己的不足之处。而一个固定型思维的人则会认为别人的意见是对自己的攻击，会对反馈产生抵触情绪。

两种思维模式的区别

培养成长型思维的四步法。

第一步：接受。首先要接受并拥抱自己的固定型思维模式。大部分人是两种思维模式的混合体，在某些情况下处于固定型思维模式，在另一些情况下处于成长型思维模式。这是很正常的。

第二步：观察。通过观察，明确是什么激发了自己的固定型思维模式。

第三步：命名。给自己的固定型思维模式人格起个名字，然后描述一下它是什么样的：什么时候出现，什么特点，如何影响自己。

第四步：教育。在遇到可能激发自己固定型思维模式的事情时，首先要保持警惕。在它出现并阻止我们时，尝试去说服它，告诉它这样做的理由，并邀请它和你一起面对挑战：“我知道这可能会失败，但是我愿意试一试。你能不能对我有信心一些？”

思考？

为什么要培养成长型思维？你的固定型思维模式出现过吗？你是如何应对的？

生涯体验

面对考试不理想

请认真阅读下面的情境描述：

期中考试的数学答题卡发下来了，一个个红色的“×”出现在眼前，这次结果明显不理想。面对这样的情况，小强说：______________________________

____

1．请用 5 分钟时间在空白纸上写下你能想到的答案。

2．请将答案进行归类：哪些属于成长型思维，哪些属于固定型思维？

3．将固定型思维的语句转换成成长型思维。

生涯拓展

电影推荐：《卡特教练》

导演：［美］托马斯・卡特

梗概：卡特教练主动申请任教加州的里士满高中篮球队。这是一支屡战屡败的超级烂队，而这个高中也是一个出了名的烂校，大学升学率不足5%，老师学生都在混日子，所有的人都接受了这种命运。但是这所学校是卡特教练的母校，他就是从这样的糟糕环境中杀出来的一匹黑马，通过篮球与学习改变了自己的命运。他也想改变母校孩子的命运，所以他辞掉了待遇条件好上很多倍的工作，回到母校，做起了这支纪律涣散、满口污言秽语的混混球队的教练。他相信这支队伍在他的带领下可以成为最优秀的篮球队，所以他要求队员和他签订一个协议，约定如果队伍不团结或是成绩不佳就不再继续参加任何比赛。在卡特的带领下，这支队伍开始走上了上坡路，最后成为无人能敌的常胜球队。但是在1999年举行的国家锦标赛上，队员们的表现却不尽如人意，这让卡特教练沮丧不已，他真的关闭了训练馆，禁止队伍继续参加任何比赛。此举引起了极大的反响，他一时成了大众议论的焦点，有人赞赏他视篮球如命的品格，但更多的人对他的举动表示不解，甚至是批评……

开动脑筋

找机会看看《卡特教练》这部电影，说说在不同阶段卡特教练展现了什么样的思维模式。是什么因素导致他思维模式的转变？

7 巧化压力为动力

生涯寄语

你所遇到的压力与挫折，恰好是自我修行的最好机缘。

——[日]稻盛和夫

思考？

化压力为动力是一种能力。当压力来临，你会如何与它共处，并让它成为你前进路上的助力呢？

生涯故事

举一杯水的压力

一位教师正在给学生们上课，大家都认真地听着。

“各位认为这杯水有多重？”寂静的教室里传出老师浑厚的声音。说着，教师拿起一杯水。有人说 200 克，也有人说 300 克。

“是的，它只有 200 克。那么，你们可以将这杯水端在手中多久？”教师又问。很多人都笑了：“200 克而已，拿多久又会怎么样？”

教师没有笑，他接着说：“拿一分钟，各位一定觉得没问题；拿一个小时，各位可能觉得手酸；那拿一天呢？一个星期呢？那可能得叫救护车了。”大家又笑了，不过这回是赞同的笑。

教师继续说道："其实这杯水的重量很轻，但是你拿得越久，就觉得越沉重。这如同把压力放在身上，不管压力是否很重，时间长了都会让人觉得越来越沉重而无法承担。我们应该做的是，放下这杯水，休息一下再拿起。只有这样我们才能拿得更久。所以，我们应该在适当的时候放下所承担的压力，好好地休息一下，然后再重新拿起来。如此才可承担更久。"

教师说完，教室里响起一片掌声。

随着社会的进步，人们越来越忙，压力也越来越重。不妨在适当的时候减少压力，轻松一下，等调整好了状态再重新拿起。

思考？

你有过长时间承受重物，最后不堪重负的经历吗？最后是怎么处理的？

生涯导航

耶克斯－多德森定律

耶克斯－多德森定律，指动机的最佳水平随任务的性质不同而不同：在比较简单的任务中，工作效率随动机的提高而上升；而随着任务难度的增加，动机的最佳水平有逐渐下降的趋势。这种现象就叫作耶克斯－多德森定律。

耶克斯－多德森定律表明，各种活动都存在一个最佳的动机水平。动机不足或过分强烈都会使工作效率下降。

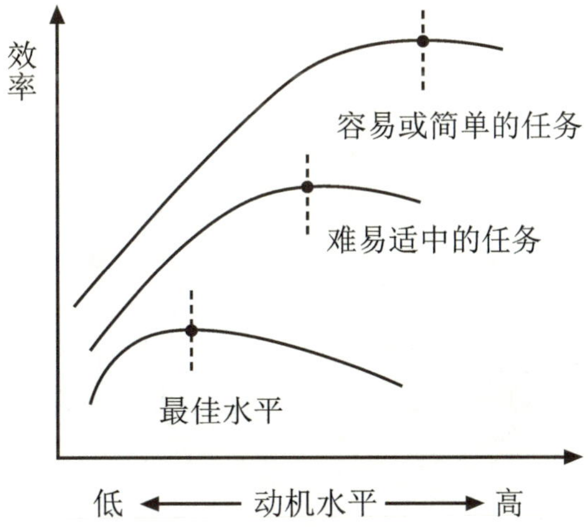

耶克斯－多德森定律曲线

思考？

耶克斯－多德森定律对你的学习有什么启示？

生涯体验

我的压力圈

请你在下面压力圆圈图上的大小球里写下最近生活中的各种压力。（大球代表大压力，小球代表小压力，请你填上压力事件）

生涯拓展

书籍推荐：《你好，压力——心理减压手册》

作者：西英俊，徐丽丽

推荐理由：在这本书中，心理学专家用通俗易懂的语言和生动鲜活的案例将专业、科学的心理学知识讲述出来，通过分析压力的来源、压力中的自我状态、压力表现、压力与沟通、压力与时间管理、压力与情绪，让读者对压力有个全面的认识，让读者在轻松的阅读中，了解压力从何而来，又将去往何处，以及知道如何管理压力。最后还讲述了自我放松的方法，让读者面对压力时学会自我调节。压力是敌人，也是朋友，不要一味赶走它。与压力共存，让压力塑造更好的你，会让你更强大！

开动脑筋

找机会看看《你好，压力——心理减压手册》这本书。想一想：在学习生活中如何更好地利用压力？

8 职业高中知多少

生涯寄语

我们的决定，决定了我们。

——[法]让·保罗·萨特

思考？

人生的选择从来不只有一种，升学途径也是如此。你了解职业高中吗？

生涯故事

努力做最闪亮的金子

出生于 2004 年的深圳女孩古慧晶怎么也想不到，自己 15 岁时作出的入学选择，会让她的人生如此“开挂”——17 岁拿下技能大赛省赛一等奖；18 岁获得中职教育国家奖学金；5 次登上央视并被授予“非常少年”称号；多次登上微博热搜榜，全网浏览量超 5 亿次。

古慧晶对汽车的热爱，要追溯到小学时期课堂上的一次电影赏析活动。她总是忍不住想：如果能像电影中那样，自己组装出一辆汽车该多好呀！

2019 年中考前，古慧晶面临着考普高还是职高的难题，但出于对汽车的真心热爱，她选择参加深圳市第二职业技术学校的自主招生，并如愿就读汽车运用与维修专业。当初古慧晶主动提出要去读职高时，父母是不同意的，但古慧晶却有着非常成熟的处理方式。为了让父母安心，她走遍了深圳所有的中职学校，加了许多新生 QQ 群，了解学校环境及专业优势等。最终，古慧晶根据自己的职业理想，锁定了深圳市第二职业技术学校。

在 2021 年广东省职业院校学生专业技能大赛中，古慧晶获得了汽车机电与维修赛项的一等奖，而且是该赛项诞生以来广东省第一个参赛并获一等奖的女生。在备赛的封闭式训练中，为了在规定时间内完成动作，古慧晶穿着带铁块的工鞋在车间里以跑代走，并利用杠杆原理等技巧弥补了女生体力不足的劣势。赛后，古慧晶也表示希望能够打破职业性别标签和对职业教育的偏见，希望更多人可以选择自己热爱的、适合自己的道路。

她说："是金子到哪都会发光的，我正在努力做那最闪亮的金子。"

人生出彩的方式多种多样。身为学生，不是只能用学习成绩证明自己的能力。为自己的热爱认真努力的人，同样值得被尊重，也同样能绽放出属于自己的光彩！

思考？

古慧晶在选择就读职业学校前做了哪些准备？你对她的选择有什么看法？

生涯导航

职业教育

如今，职业教育仍然是不少学生和家长知之甚少的教育领域。伴随着道听途说的诋毁和偏见，大家往往会有"只有差生才会去职校""技校学生低人一等"的想法。

实则，职业教育与普通教育是具有同等重要地位的两种不同类型的教育。中等职业教育是我国高中阶段教育的重要组成部分，它包括普通中等专业学校、职业高中、技工学校和成人中等专业学校。职高学生入学需要选专业，学习分为“理论＋实践＋实习”，而普高学生不分专业，更多的是接受文化教育。前者在与企业、行业的接触中能更早实现“社会化”的成长，后者则需要在学习之余，自行组织或主动参与体验职业生活。两者的学习收益有所不同。

每个人都有自己的特点，既表现在学业水平上，也表现在能力和兴趣差异上。不管未来选择读普高还是职高，都只是学习模式不同而已，都能通过自身努力成才。正如《中国青年报》说的：“职业教育，不是学习失利以后走进的‘死胡同’，普通高等教育也不是适合每个人的终南捷径。教育只有更开放，才能量体裁衣，为不同受教育者提供差异化的成长平台。社会对各类人才能给予平等的尊重时，才能消除偏见和刻板印象，充分激活工匠精神和创新力，让每所学校都能培养出符合社会需求的人才。”

职业教育肩负着培养多样化人才、传承技术技能、促进就业创业的重要职责。《东莞市教育事业发展第十四个五年规划和2035年远景目标纲要》围绕贯彻落实习近平总书记重要指示和全国职业教育大会精神，高标准擘画全市职业教育“十四五”蓝图，以产教融合为主线，增强职业教育适应性，加快构建现代职业教育体系，打造成为粤港澳大湾区职业教育产教融合新高地，为东莞建设“全国先进制造之都”提供人才支撑。

中职生升学的多种途径

2022年5月1日起，新修订的《中华人民共和国职业教育法》施行，中职生的上升渠道更加畅通与广阔。目前，越来越多的中职生通过自己的努力，实现了大学梦。那么，你知道中职生的升学途径有哪些吗？

一、“3+ 证书”考试，可升读专科或本科

在春季举行的广东省普通高等学校招收中职毕业生统一考试，简称“3+ 证书”考试，是面向中等职业学校毕业生（含职业高中、成人中专、技工学校）招生的。考生参加全省统一文化科目考试，包括语文、数学、英语三科，实行全省统一命题、统一考试。

2018 年起，在部分应用型本科院校开展对口招收中等职业学校毕业生试点工作（以下简称“中职升本科”）。“中职升本科”试点的升学考试，纳入春季进行的“3+ 证书”考试。考生须获得相应的专业技能课程证书，并参加全省统一文化科目考试和由招生院校自行组织的职业技能测试。

需要注意的是：通过“3+ 证书”考试升入高职院校、本科院校，毕业时获得全日制大专 / 本科毕业证书。该大专 / 本科学历与通过普通高考升学的毕业生是相同的。

二、中高职贯通三二分段培养，可升读专科

中高职贯通三二分段（简称“三二分段”）是由试点高职院校和中职学校共同制定的五年一体化人才培养方案。录取的初中毕业生以“三二分段中高职贯通培养试点班”的项目单独编班，先在中职学校就读 3 年，符合转段考核条件和要求的，进入对口高职院校对应专业学习 2 年。而每年情况有所不同，相应的招生专业及计划应以当年省教育厅公布的试点招生文件为准。

需要注意的是：转段考核由试点高职院校牵头对口中职学校，采取过程性考核方式开展。考核合格的学生，无须参加高考便可进入对口高职院校对口专业学习。通过三二分段方式升入高职院校，毕业时获得全日制大专毕业证书，该大专学历与通过普通高考升学的毕业生是相同的。

三、高职院校免试录取，可升读专科

根据教育部和省教育厅有关文件精神，在省级（含）以上行政部门主办的职业技能大赛获奖的考生，经招生院校核实资格、公示无异议后，符合相关要求的，可免试录取。职业技能大赛获奖考生免试录取具体办法、条件及要求，由招生院校根据有关要求，结合自身实际确定。

需要注意的是：通过职业技能大赛获奖免试入学方式升入高职院校，毕业时获得全日制大专毕业证书，该大专学历与通过普通高考升学的毕业生是相同的。相关招生政策要求每年均有变化，学生务必要及时更新消息，以高职院校当年公布的详细规则为准。

四、高职院校自主招生，可升读专科

广东省普通高等职业院校面向中职毕业生（含中专、职中、技校）自主招生。招生院校根据招生类型以及考核方式、生源情况和专业人才培养需要，制定招生培养工作方案，根据生源类型单独编班、单独制定和实施人才培养方案。高职院校自主招生采用“文化基础＋职业技能”的考核方式。

需要注意的是：通过高职院校自主招生方式升入高职院校，毕业时获得全日制大专毕业证书。该大专学历与通过普通高考升学的毕业生是相同的。

五、成人高考，可升读专科或本科

成人高考是成人高等学校招生统一考试的简称，是国民教育的重要一环，列入国家招生计划，在全国招生统一考试。成人高等学历教育的招生层次包括：专科起点升本科，高中起点升本科，高中起点升专科。那么，参加成考后，需要多少年才能毕业呢？脱产最短学习时间：专科起点升本科 2 年，高中起点升专科 2 年，高中起点升本科 4 年。业余和函授最短学习年限为：专科起点升本科 2 年半，高中起点升专科 2 年半，高中起点升本科 5 年。

思考？

你还知道哪些有关职业教育的信息？你是从哪些途径获得这些信息的？

职业高中知多少

普职分流是针对现代社会的教育现状提出来的政策方针，目的是平衡教育体系，发展职业教育，让学生们能够按照个人的兴趣、能力以及职业规划自主择校，接受更适合自己的教育，拥有更全面的发展。正如“生涯故事”里提到的古慧晶同学，便是一个坚持梦想的成功案例。

那么，如果你想进入一所职业学校，你需要了解哪些信息呢？

1. 你将来想去读书的城市是 ____________________

2. 你想就读的职业学校是 ____________________

3. 你想学的专业是 ____________________

4. 入读该学校该专业的条件是 ____________________

5. 你可以从哪些渠道获得该学校、该专业的信息？ ____________

身处光怪陆离的网络时代，我们既能便捷地获取各种想要的信息，但也难免会被其中的假象所蒙骗。其实，我们可以到各个省份的教育厅官网上寻找真实的官方信息，以便更好地了解自己所感兴趣的学校及专业。

下面以广东省东莞市为例：

1. 搜索广东省教育厅网站：https://edu.gd.gov.cn/。

2. 进入官网，下滑找到“学校查询”。

3. 根据自己需求查看学校信息。如，想要查看东莞市内有哪些中等职业学校，可以挑选好“学校类型”、点击“东莞市”后，便能看到相关学校的地址和联系方式，方便我们进行实地考察及电话咨询入学信息。

4．我们还可以搜索学校的微信公众号，通过官方发布的文章来获取自己所需的信息，等等。

广东省教育厅网站

广东省各级学校信息查询

幼儿园 小学教育 初中教育 高中教育 中职学校 高等学校 特殊教育 专门学校 返回首页

学校信息：广州市 深圳市 珠海市 汕头市 佛山市 韶关市 河源市 梅州市 惠州市 汕尾市 东莞市 中山市 江门市 阳江市 湛江市 茂名市 肇庆市 清远市 潮州市 揭阳市 云浮市

名称： 类型：中等职业学校 地区：东莞市 搜索

学校名称	机构地址	联系电话	学校代码	学校性质	举办者
东莞市行知职业技术学校有限公司		769-无	3644000346	调整后中等职业学校	民办
东莞市经济贸易学校	广东省东莞市莞城区学院路287号	769-22682029	3644000366	调整后中等职业学校	地级教育部门
东莞体育运动学校	广东省东莞市东城区牛山钟屋围汇京路39号	769-22488630	3644000367	调整后中等职业学校	地级其他部门
东莞理工学校	广东省东莞市横沥镇水边村职教城职教路2号	769-22267137	3644000368	调整后中等职业学校	地级教育部门
东莞市育才职业技术学校	广东省东莞市寮步镇浮企份街1号	769-83213981	3644000371	调整后中等职业学校	民办
东莞市商业学校	广东省东莞市东城街道立新社区新源路23号	769-22658231	3644000372	调整后中等职业学校	地级教育部门
东莞市商业学校（东城校区）	广东省东莞市东城区新源路23号	0769-22658231	3644000372001	调整后中等职业学校	地级教育部门
东莞市商业学校（莞城校区）	广东省东莞市莞城街道学院路249号	0769-22658231	3644000372002	调整后中等职业学校	地级教育部门
东莞市纺织服装学校	广东省东莞市虎门镇虎门环岛路353号	769-85501959	3644000375	调整后中等职业学校	地级教育部门
东莞市信息技术学校	广东省东莞市石碣镇信技南路	769-86337376	3644000377	调整后中等职业学校	地级教育部门
东莞市轻工业学校	广东省东莞市厚街镇汀山社区职教南路1号	769-89980200	3644000378	调整后中等职业学校	地级教育部门
东莞市机电工程学校	广东省东莞市长安镇莲湖路1号	769-85538602	3644000379	调整后中等职业学校	地级教育部门
东莞市汽车技术学校	广东省东莞市寮步镇寮城中路霞边段7-01号（即霞边村委会旁）	769-83266616	3644000380	调整后中等职业学校	地级教育部门
东莞市电子科技学校	广东省东莞市塘厦镇环市南路2号	769-87728570	3644000554	调整后中等职业学校	地级教育部门
东莞市电子商贸学校	广东省东莞市常平镇常东路167号	769-83392435	3644000555	调整后中等职业学校	地级教育部门
东莞市五星职业技术学校	东莞市温塘华星街4号	769-23111233	3644000556	调整后中等职业学校	民办
东莞市鼎文职业技术学校	广东省东莞市石碣镇滨江西路1号	769-86638662	3644000558	调整后中等职业学校	民办
东莞市南方舞蹈学校	广东省东莞市石碣镇彩虹西路168号	769-86381056	3644000559	调整后中等职业学校	民办
东莞市南博职业技术学校	广东省东莞市南城街道雅湖路1号	769-86211815	3644000560	调整后中等职业学校	民办
东莞市南华职业技术学校	广东省东莞市虎门镇路东社区居民委员会振兴路3号	769-85269338	3644000561	调整后中等职业学校	民办
东莞市华南职业技术学校	广东省东莞市高埗镇三塘东路2号	769-89950208	3644000563	调整后中等职业学校	民办
东莞篮球学校	东莞市东城区伟民路56号	769-22496888	3644087377	调整后中等职业学校	民办
东莞市宏达职业技术学校	广东省东莞市常平镇朗洲村学校路1号	769-83998889	3644087378	调整后中等职业学校	民办

[首页 | 上一页 | 下一页 | 末页]总数:23 页数:1/1

注：按学校代码排序。

政府网站找错 党政机关

粤公网安备 44010402001374号 备案/许可证号：粤ICP备09132871号-2 网站标识码：4400000032

关于我们 联系我们 网站地图 版权所有 广东省教育厅 Copyright Department of Education of Guangdong Prov

生涯拓展

中职助学政策，助你就学无忧[1]

促进教育公平是国家基本教育政策。一直以来，党和国家高度重视家庭经济困难学生的上学问题，出台相关资助政策，不让学生因经济困难而失学。目前，中职教育已建立起以国家免学费、国家助学金为主，学校和社会资助等为补充的学生资助政策体系，致力于让中职学生无忧就学。

1. 中职教育免学费。补助标准：对公办中职学校符合免学费条件的学生按已核准的专业收费标准免除全部学费；对民办中职学校符合免学费条件的非残疾学生按3500元/年的标准减免学费，残疾学生按3850元/年的标准减免学费。

2. 国家助学金。补助标准：每生每学年2000元。

3. 国家奖学金。奖励标准：每生每年6000元。

4. 低保家庭在校学生助学补助。补助标准：每人每学年生活费补助1800元，住宿费补助600元。其中，低保家庭学生以东莞市民政部门颁发的有效低保证为准。

5. 各市教育基金会资助困难家庭子女读书公益活动。资助标准：每人每学年2000元。其中，受助学生的认定以各市教育基金会审核为准。

6. 其他助学措施。目前，东莞市部分中职学校制定了校级的资助政策，为家庭经济困难学生提供帮助。并制定了校级奖励政策，对表现优秀的学生给予奖励。同时，中职学校均为学生提供勤工俭学机会，帮助学生锻炼综合能力，并减轻学生的经济压力。

我国学生资助政策体系日趋完善，经费投入力度持续加大，让困

① 本文摘自“东莞慧教育”微信公众号推文《你只管努力，中职资助政策助你就学无忧》，内容有删节。

难学生充分享有公平的教育机会。随着学生资助规模不断扩大，愈来愈多家庭经济困难学生在资助政策帮助下顺利入学，完成学业，并以优秀的成绩找到心仪的工作或升入高等学府继续深造。多种助学政策和手段将为中职学生铺就一条“知识改变命运”的光明道路。

开动脑筋

国家为什么要出台这么多助学政策？对此你有什么感悟？

9 厚积薄发争上游

生涯寄语

生活好比旅行，理想是旅行的路线，失去了路线，只好停止前进。

——[法]维克多·雨果

思考？

俗话说“条条大路通罗马”。你了解哪些升学途径呢？

生涯故事

被赶出家园的小狐狸

沙漠中的狐狸养了一窝小狐狸。小狐狸长到能独自捕食的年龄时，母狐狸把它们统统赶了出去。小狐狸恋家，不走。母狐狸就又咬又追，毫不留情。其中一只小狐狸有一只眼睛是瞎的，但是母狐狸也没有给它特殊照顾，照样把它赶得远远的，因为母狐狸知道，没有谁能养它一辈子。小狐狸们从这一天开始长大了，那只瞎眼睛的小狐狸也终于学会靠嗅觉觅食了。

在这个世界上，没有人可以依赖别人生活一辈子。一个人一旦有了依赖他人的想法，就很难有勤勉努力的精神，更不要说什么独立自主、实现人生价值了。俗语说：靠人不如靠己。虽然别人可以在必要时扶你一把，但这并不能变成你的一部分来永远支持你。我们只有自己独立起来，才有可能获得成功。

思考？

狐狸妈妈为什么没有对瞎眼睛的小狐狸给予特殊照顾？联系你的学习和生活，你有什么感想？

生涯导航

多元升学方式[1]

一、初中—高中—国内大学

“初中—高中—国内大学”是我们最传统的升学模式（如右图所列）。国内就读大学都要通过高考，申请境外高校，也大多要求参考高考成绩。

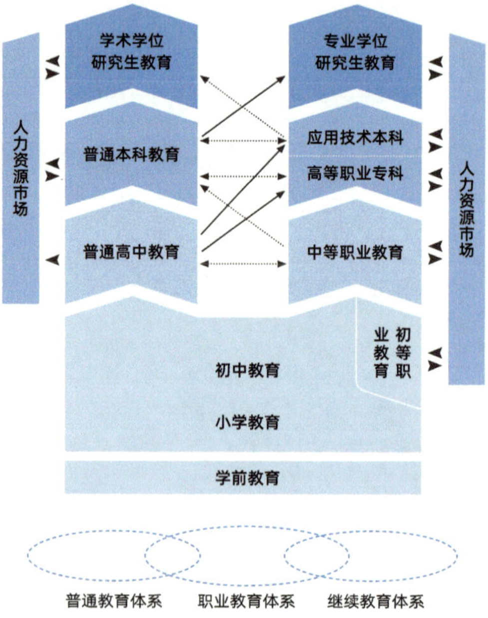

升学模式

从参与人群来划分，除了高水平运动员、艺术特长生，其他学生都要通过普通高考的方式进入大学学习，获得大学本科或大学专科学历。

大学本科毕业或大学专科毕业后，可以根据相关报考政策、自己的人生规划和职业理想选择研究生教育，获得相应的学术学位或专业学位。

二、初中—中职—国内大学

中等职业教育在现代职业教育体系中具有基础作用，为初高中毕业生开展

① 本文内容参考了教育部等六部门印发的《现代职业教育体系建设规划（2014—2020年）》（教发〔2014〕6号）。

基础性的知识、技术和技能教育，培养技能人才。据现行相关政策，中等职业教育是未来职业教育发展的重点，今后一个时期总体保持普通高中和中等职业学校招生规模大体相当。

高等职业教育。教育相关部门在办好现有专科层次高等职业（专科）学校的基础上，还会积极发展应用技术类型高校，培养本科层次职业人才。根据现行相关政策要求，高等职业教育规模占高等教育的一半以上，本科层次职业教育达到一定规模；要建立以提升职业能力为导向的专业学位研究生培养模式。高等学校设置制度规定，将符合条件的技师学院纳入高等学校序列。目前，我们国家的发展需要更多的大国工匠，未来的职业教育将会有更广阔的发展前景，选择职业教育的升学之路也将会有不错的前景。

下面主要介绍中职毕业后的升学之路。

1．高职院校自主招收中职毕业生。

2．中高职三二分段。这是在中职学校和高职院校选取相对应专业，制订中职学段（三年）和高职学段（二年）五年一体化的人才培养方案。三二分段试点专业一般为重点中职学校里开设的重点专业，有相对较好的发展前景。

3．“3+专业技能课程证书”考试。这是专为中职毕业生开设的升学考试，通过考试者可进入高等职业院校接受高等教育。“3”为语、数、英三科，是所有考生必考科目；“专业技能课程证书”包括由省考试院组织考核和颁发的相关职业技能证书等。学生通过考试后进入高职院校学习，获得全日制专科毕业证。

4．参加普通高考。中职毕业生与高中毕业生一样也可以参加普通高考。如服装设计类、美术设计类专业可以参加艺术类高考。

5．“技能状元”保送读高职。中职毕业生在校期间获得省技能大赛一等奖或全国技能大赛一、二、三等奖者可以免试进入省内高职院校相应专

业就读。

6．读中外合作课程到国外留学。有些国内中职学校会与国外相关院校进行合作办学，学生可获得国外留学提升的机会。

7．参加电大、成人高考和自考。通过这些途径可以取得大学专科或大学本科文凭。

三、出国留学

国外读大学可以同时申请多所大学；英美大学的优质院校在国际上整体排名靠前；锻炼独立生活的能力；锻炼英语能力，有利于将来在国际化环境工作。

如果考虑出国读大学，高中要么选择国际课程班，要么读国内高中同时准备雅思、托福等语言考试和 SAT 等“外国高考”。出国留学的经济成本远高于在国内就读，可以根据自身实际是否选择出国留学之路。

思考？

如何选择适合自己的升学之路？

生涯体验

活动一：我的梦想名片

请你按照表格要求，选出你的理想高中（职中），制作“梦想名片”。

理想高中（职中）	
办学历史	
办学特点（宗旨、理念）	
办学成果	
中考录取分数线	

活动二：理想的高中（职中）

请你在家人的陪同下参观自己的目标高中（职中），在校门前与你的理想学校合影，并在照片的背后写上自己的梦想寄语。

照片粘贴处

梦想寄语：

____

____

____

____

____

生涯拓展

电影推荐：《无问西东》

导演：李芳芳

梗概：几个年轻人满怀诸多渴望在四个不同的时空中一路前行，他们在最好的年纪迎来了最残酷的抉择。吴岭澜出发时意气风发，却迷失在“理工科才叫实业”的理念中，他努力学习却疑惑不解，甚至自我怀疑，直到看见泰戈尔的访华演讲才豁然开朗；沈光耀心怀国家大义，在国家危难之际毅然决然选择成为一名飞行员，自愿参与了最残酷的战争，为保家卫国献上了自己最绚烂的青春；王敏佳因为身上有一种敢与命运抗衡的力量，为老师出头的她被一群自认为正义的群众批斗，也因此陷入被众人唾骂的深渊，甚至险些被夺走生命；陈鹏是成绩十分优秀的理工男，非常认真、执着和纯粹，远赴大西北研制原子弹，为新中国核弹事业作出了重要贡献；张果果是广告公司的高管，身处尔虞我诈的职场，遭遇了钩心斗角的职场潜规则。他们在最好的年纪迎来了最残酷的考验，并成就了永不褪色的青春传奇。

开动脑筋

找机会看看《无问西东》这部电影。想一想：是什么让几个年轻人选择了不同的人生道路？

书籍推荐：《老人与海》

作者：［美］海明威

推荐理由：这是诺贝尔文学奖得主海明威的代表作之一，被海明威称为他“一辈子所能写出的最好的一部作品”。故事中，老渔夫一连八十四天都没有钓到一条鱼，但他仍不肯认输，而是充满着奋斗的精神，终于在第八十五天钓到一条大马林鱼。大鱼拖着船往海里走，老人在没有水、食物、武器且左手抽筋的情况下，经过两天两夜终于把大鱼杀死，并把鱼拴在船边。但许多鲨鱼立刻前来抢夺他的战利品，老渔夫又和鲨鱼展开斗争……故事跌宕起伏，扣人心弦，引人深思。

开动脑筋

找机会看看这本《老人与海》。想一想：在面对困难时，我们可以从老人与海的搏斗中汲取到什么精神？

10 我的生涯规划书

生涯寄语

凡事预则立，不预则废。言前定，则不跲（jiá）；事前定，则不困；行前定，则不疚；道前定，则不穷。

——《礼记·中庸》

思考？

每个人的生涯发展史就像一本书。作为书的作者，你会怎样书写它呢？

生涯故事

毛毛虫的故事

毛毛虫都喜欢吃苹果。有四条要好的毛毛虫，它们都长大了，各自去森林里找苹果吃。

第一条毛毛虫跋山涉水，终于来到一棵苹果树下。它并不知道这是一棵苹果树，也不知树上长满了红红的苹果。它和其他的毛毛虫一起往上爬，没有目的，不知终点，更不知自己到底想要哪一种苹果，也没想过怎么样去摘苹果。它的最后结局呢？也许找到了一个大苹果，幸福地生活着；也可能在树叶中迷了路，过着悲惨的生活。不过可以确定的是，大部分的毛毛虫都是这样活着的，没想过什么是生命的意义，为什么而活着。

第二条毛毛虫也爬到了苹果树下。它知道这是一棵苹果树，也确定它的“虫”生目标就是找到一个大苹果。但问题是它并不知道大苹果会长在什么地方。它猜想：大苹果应该长在大枝叶上吧！于是它就慢慢地往上爬，遇到分枝的时候，它就选择较粗的树枝继续爬。它按这个标准一直往上爬，最后终于找到了一个大苹果。这条毛毛虫刚想高兴地扑上去大吃一顿，但是放眼一看，它发现这个大苹果是全树上最小的一个，上面还有许多更大的苹果。更令它泄气的是，要是它上一次选择另外一条分枝，它就能得到一个大得多的苹果。

第三条毛毛虫也到了一棵苹果树下。这条毛毛虫知道自己想要的就是大苹果，并且研制了一副望远镜。它在开始爬之前就先利用望远镜搜寻了一番，找到了一个很大的苹果。同时，它发现当从下往上找路时，会遇到很多分枝，有各种不同的爬法。但若从上往下找路时，却只有一种爬法。它很细心地从苹果的位置，由上往下反推至目前自己所处的位置，并记下这条确定的路径。于是，它开始往上爬，当遇到分枝时，它一点也不慌张，因为它知道该往哪条路走，而不必跟着一大堆虫子去挤破头。最后，这条毛毛虫应该会有一个很好的结局，因为它已经有自己的计划。但是真实的情况往往是，因为毛毛虫的爬行相当缓慢，当它抵达时，苹果不是被别的虫捷足先登，就是苹果已熟透而烂掉了。

第四条毛毛虫可不是一条普通的虫，它做事有自己的规划。它知道自己要什么苹果，也知道苹果是怎么长大的。因此当它带着望远镜观察苹果时，它的目标并不是一个大苹果，而是一朵含苞待放的苹果花。它计算着自己的行程，估计当它到达的时候，这朵花正好长成一个成熟的大苹果。结果它如愿以偿，得到了一个又大又甜的苹果，从此过着幸福快乐的日子。

思考？

从生涯规划的角度思考：四条毛毛虫寻找苹果的过程和结果让你想到了什么呢？

生涯导航

生涯规划

生涯规划是指有目的有计划地设计、规划不同的人生阶段，在考虑个人的智力、性格、价值以及阻力和助力的前提下，做出合理安排，并且借此调整和摆正自己在人生中的位置，以期自己能适得其所，获得最佳发展和自我实现。所以生涯规划，不是简单地制订计划、实施计划，而是包含对自己、对职业的理解和探索，有能力作出决策、执行决策，并且保持开放和灵活。

生涯规划就像是对自己生活的排列组合，你想去的地方决定你会如何安排生活中的事件，而这些行动会带我们去往不同的方向。所以，进行生涯规划最重要的作用就是帮助我们找到自己的方向，明确自己要去哪里。

生涯规划该从哪里开始？这个问题的答案不在外面，而是在内，即自己。因此，我们需要深入地自我反思，明确自己真正向往的生活方式。在著名的童话《爱丽丝梦游仙境》中，爱丽丝与柴郡猫的一段对话堪称经典。爱丽丝询问：“能否请你告诉我，我应该走哪一条路？”柴郡猫答道：“那要看你想到哪里去。”当爱丽丝表示并无特定目的地时，柴郡猫进一步指出：“那么，你走哪一条路也就无所谓了。”这只柴郡猫实际上深刻地揭示了一个事实：若不明确目标，选择哪条道路并无太大意义。对于许多学生来说，生涯规划的重要性在于超越仅根据职业收入或就业前景来选择的浅层考虑，以及破除盲从他人意见的从众心理。它要求我们回归内心，深入思考自己真正渴望成为什么样的人。这样的思考过程有助于我们明确人生目标，从而在未来的道路上更加坚定地前行。

因此，生涯规划的第一步就是要明确自己的愿景和理想，了解自己真正想要什么，而不仅仅是追求效率或完成任务，这样就不会陷入自我管理的误区。接下来的步骤就是进行自我探索与职业探索，在综合两者的基础上，找到一个既符合自己实际情况又适应职业世界的发展目标。有了目标后，再规划自己的生涯发展路径，并制订行动方案。重要的是要主动去实施这些计划，并根据实际情况进行调整。

生涯规划的一个特点是，它是一个循环的过程。如果情况发生变化或者计划不再适合，我们应重新思考自己的愿景，并重新开始规划。在今天这个快速变化的社会中，确定生涯发展路径变得越来越难。因此，在规划过程中，我们很容易受到现实机遇和社会环境的影响。所以，当我们做生涯规划时，不应只是制定一个明确的发展路径，还要努力探索和发展自己的生涯能力。

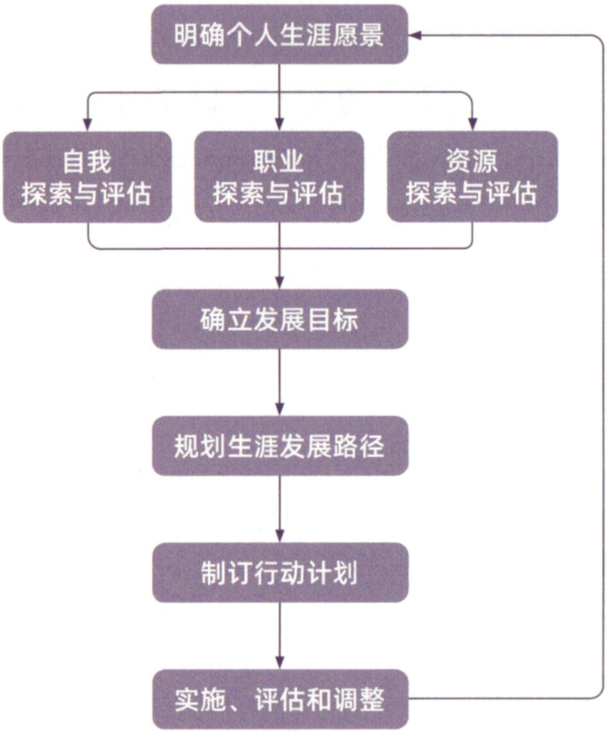

生涯规划线路图

思考？

你的人生理想和目标是什么？为了实现这个目标，你有什么计划？

生涯体验

我的生涯规划书

请设计一份引领自我的生涯规划书，并将此作为学习的航标。

我的生涯规划书

学校			班级		
姓名		性别		年龄	

第一步　明确个人生涯愿景（生涯规划对于我的意义）

第二步　自我探索与评估

兴趣探索	
性格探索	

能力探索	
价值观探索	
职业梦想探索	

第三步　职业探索与评估

了解职业世界	
职业聚焦	

第四步　资源探索与评估

个体资源	
社会资源	
家庭资源	

第五步　确定发展目标

长期目标	
中期目标	

短期目标	
小微目标	

第六步 规划生涯发展路径

第七步 制订行动目标

长期目标	
中期目标	
短期目标	
小微目标	

第八步 实施、评估和调整

生涯拓展

书籍推荐：《斯坦福大学人生设计课》

作者：［美］比尔·博内特

推荐理由：这是一本非常实用的书籍，也是斯坦福大学近几年最受欢迎的一门课程。尤其对于站在人生十字路口的中学生来说，它不仅仅是一本书，更是一份关于如何规划未来的详尽指南。当你正处在选择学科、思考未来可能职业的阶段，这本书提供了一套独特的人生设计思维工具，帮助你理清思路，探索各种可能性。

这本书的核心理念是人生设计。它是一种生活方式，也是一种改变你看待生活和如何生活的方法。设计的目的是让你的生活更充实、更有意义，不虚度此生。本书的作者将他们在斯坦福大学的教学经验和设计理念融入书中，通过生动的案例和实用的练习，引导你发现自己的兴趣和能力，并将其与未来的学习和职业规划相结合。书中的方法强调实践和体验，鼓励你去实际探索和尝试感兴趣的领域。这种学习方法不仅能帮助你作出更明智的选择，而且能培养你终身受用的决策和规划能力。在阅读这本书的过程中，你不仅将获得知识和技能，更重要的是，你将获得对自己未来可能性的信心和期待。

开动脑筋

找机会看看《斯坦福大学人生设计课》这本书。想一想：书中的知识对你的生涯规划有什么启发？

筑梦青春 逐光而行

生涯规划与成长指引手册

主 编 彭 盛

副主编 杨冰瑶

八年级

生涯探索与实践

华南理工大学出版社

SOUTH CHINA UNIVERSITY OF TECHNOLOGY PRESS

·广州·

图书在版编目（CIP）数据

筑梦青春，逐光而行：生涯规划与成长指引手册. 八年级　生涯探索与实践 / 彭盛主编. -- 广州：华南理工大学出版社，2024. 9. --ISBN 978-7-5623-7778-8

Ⅰ. G633. 933

中国版本图书馆 CIP 数据核字第 2024ST2888 号

Zhumeng Qingchun，Zhuguang Er Xing——Shengya Guihua Yu Chengzhang Zhiyin Shouce：Banianji Shengya Tansuo Yu Shijian

筑梦青春，逐光而行——生涯规划与成长指引手册：八年级　生涯探索与实践

彭　盛　主编

出 版 人：柯　宁

出版发行：华南理工大学出版社

（广州五山华南理工大学 17 号楼，邮编 510640）

http: //www. scutpress.com.cn　　E-mail: scutc13@ scut.edu.cn

营销部电话：020-87113487　87111048（传真）

策划编辑：吴翠微

责任编辑：欧建岸

责任校对：王洪霞

印 刷 者：广州小明数码印刷有限公司

开　　本：787mm × 1092mm　1/16　**总印张**：12.75　**总字数**：208 千

版　　次：2024 年 9 月第 1 版　印次：2024 年 9 月第 1 次印刷

定　　价：69.00 元（共 3 册）

前言

青少年承载着无限的潜能和可能性。如何引导他们学会规划未来的人生道路，实现自我价值，是教育的重要任务之一。中学时期是一个人认识自我、探索自我和提升自我的关键阶段，加强中学生生涯规划指导，为他们指明成长成才的方向，是人才培养的关键一步。

为帮助学生了解自我、认识社会、明确目标，更好地应对未来社会对人才的需求，我们精心编写了这套《筑梦青春，逐光而行——生涯规划与成长指引手册》，旨在为中学生提供一套实用的生涯规划指南，助力他们在成长的道路上更加自信地前行。

这套手册分为三册，每册针对不同年级学生的心理特点和成长需求，科学地设计了不同的课题和实践活动。

第一册《七年级　生涯唤醒与适应》供七年级学生使用，旨在唤醒学生的生涯意识，引导他们认识自我、了解社会，帮助他们适应中学生活。通过对性格探索、时间管理、目标设定、师生关系和同伴关系处理等内容的学习，学生将初步认识到生涯规划的重要性，并开始思考自己的未来方向。

第二册《八年级　生涯探索与实践》供八年级学生使用，旨在进一步引导学生深入探索自我，挖掘自己的潜能、兴趣和明确职业倾向，增强其对职业世界的认识和理解。通过学会管理情绪、加强与家人和社会的沟通等内容，学生可以为未来的职业探索做好充分准备；通过体验兴趣职业、探索职业信息等实践活动，学生初步接触社会，了解

不同职业的特点和要求，为未来的职业规划打下坚实基础。

第三册《九年级　生涯管理与规划》供九年级学生使用，旨在引导学生明确自己的职业目标和人生方向，制定切实可行的生涯规划方案。在这一阶段，学生将学习如何根据自身特点和市场需求进行职业选择，以及如何在实践中不断完善自己的生涯规划。通过了解价值观与选择、认识性别角色等内容，学生将更进一步掌握生涯管理的方法和技巧。

在编写这套手册的过程中，我们注重理论与实践相结合、知识性与趣味性并重，强调以学生的兴趣为出发点。每一课都分为五个板块，学生可从“生涯寄语”的名人名言中汲取力量，从“生涯故事”的名人案例、趣味故事中感悟人生，从“生涯导航”的知识海洋中汲取养分，从“生涯体验”的实践活动中锻炼能力，最后在“生涯拓展”的知识推荐中拓宽视野。五个板块相辅相成，共同构成学生成长的阶梯。

本套手册不仅是一部为青春导航的指南，更是一次关于青春、梦想和成长的深度对话，它将陪伴学生度过初中三年的美好时光，助力学生在每一次的探索与实践中发现自己的潜能，让学生描绘出属于自己人生的精彩画卷。

同学们，怀揣着对梦想的热爱与执着，在未来的道路上勇往直前、逐光而行，直至理想的彼岸吧！

目录 CONTENTS

1 我的超人能力

生涯寄语

人应该进行超越能力的攀登，否则，天空的存在又有何意义？

——［英］罗·勃朗宁

思考？

每个人都有无限的可能。你知道怎么挖掘自己隐藏的超人能力吗？

生涯故事

生命中自然而然的事

6个月大时就被诊断为重度脑瘫的新疆姑娘胡婧，凭借顽强的生命力，自学英语并从事烦琐的翻译事业。在双手失控的情况下，她先后用下巴颏和脚趾头打字，翻译、审校了上百万字的资料，被誉为“新疆最好的翻译之一”。

在翻译工作中，胡婧感觉最吃力的是翻译27万字的《数学家的艺术生活》，其内容涉及大量数学、哲学、物理学、音乐、美术等方面的知识。一开始胡婧很犹豫，但

遗传了父亲倔强个性的她，面对挑战不言放弃，毅然接下了这项艰巨的任务。

在之后几个月里，胡婧完全沉浸在这本书的翻译工作里，吃饭睡觉都在思索书中词句。即使已经躺在床上了，一旦想到更好的表达，她也会挣扎着起床，用尚存一丝能动能力的右手无名指艰难地将其记录在平板电脑里，生怕第二天醒来时忘记。

胡婧的心愿是希望改变大众的刻板认知：残疾人做翻译，不是“悲惨命运”，不是“励志人生”，而是一件生命中自然而然的事情，只不过在这年头，认真对待生命的人很少而已。

思考？

你如何看待胡婧在不完整的身体里努力发掘自己的才能？我们应该如何觉察自己的能力与特长呢？

生涯导航

能力的四个区域

每个人都会有各种各样的能力，而根据水平高低以及喜欢与否，可将能力分为优势区、潜能区、退路区和盲区四个区域，可用“能力管理四象限”图来表示。对不同区域要有不同的管理策略。

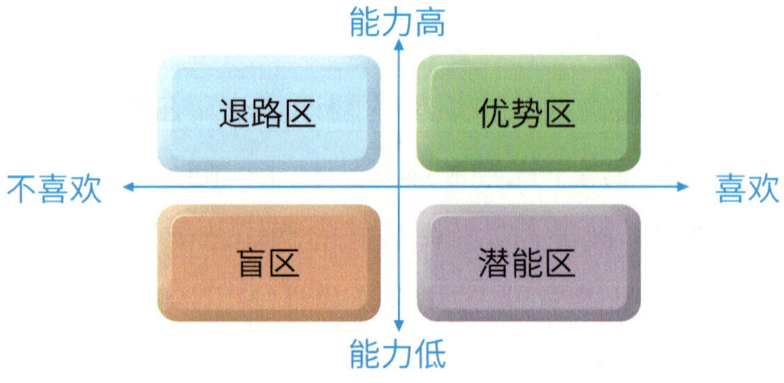

能力管理四象限

1．优势区。是你目前拥有的最强且最感兴趣的能力区域。你需要将它打造成个人品牌。一方面需要不断聚焦，提升该能力，确保竞争性；另一方面，还要刻意使用，不断优化，即在使用能力的同时，通过分享等方式主动宣传自己，打响名声。这样，优势就能源源不断地给你带来各种资源和机会。比如，朱婷的优势区是有打排球的身高和技术，所以她努力训练，最终成为中国女排的最有价值球员（MVP）。

2．潜能区。是促使你未来更优秀的能力区域。对潜能区的能力，你喜欢但不擅长，因此需要加大投入、刻意挖掘。由于人的精力是有限的，因此可以同时开始挖掘 1～3 个潜能，最好不要超过 3 个。比如，你对 popping 很感兴趣，但手脚不协调，那么你要先接纳自己目前的状态，然后投入时间和精力去学习训练，以早日掌握该技能。

3．退路区。一般是你在过去用得还不错、在生存阶段被迫锻炼起来的能力区域。退路可以提供基础保障，虽然不能带来情绪上的满足感，但你也不至于一无是处。因此，要记得抽时间回顾练习，以免荒废。同时，你可以寻找方向，看退路区能力是否能深入发展为更高级的能力，或者与自己感兴趣的能力组合使用，发挥优势，带动发展。这方面的能力要尽量低调，不要让太多人知道，以免消耗过多精力。

4．盲区。盲区是指你能力不足且不感兴趣的区域。你需要认真对待自己的能力盲区，正视不足，并积极回避它。你的盲区有可能是别人的优势区，因此与有该优势的人合作，彼此都受益。如果确实安排你去完成并不擅长的事情时，你须要看情况与他人沟通，换成别的即使工作量更大但你更擅长的事情，可能更好。

生涯体验

我的能力矩阵

在学习了能力的不同水平及相关的管理策略后，我们需要进一步探究自身的优势区、潜能区、退路区和盲区，以便更好地找到与能力特征相适应的发展目标。本次活动按照以下规则进行：

1．自行思考并列出愿意、比较愿意、不太愿意、很不愿意以及非常擅长、比较擅长、有些费力、不能胜任这 8 种情况的技能。

2．根据自身实际情况，区分出自己的优势区、潜能区、退路区和盲区。

3．审视自身的优势，优势发挥和使用到极致时能获得最大的竞争力。

4．关注自身的潜能，可以尝试将其与优势能力相结合，形成新的竞争力。

5．留意自身的退路，这将是日后赖以生存的能力。

6．最后面对自身的盲区，由于人无完人，不可能毫无缺陷，所以要尽可能摒弃不擅长的盲区。

7．最后回顾自己刚才挑出的能力以及剩下的盲区能力，思考如何合理搭配使用，制定未来的能力发展方向。

可参考下图，根据自身具体情况制作自己的能力矩阵图。

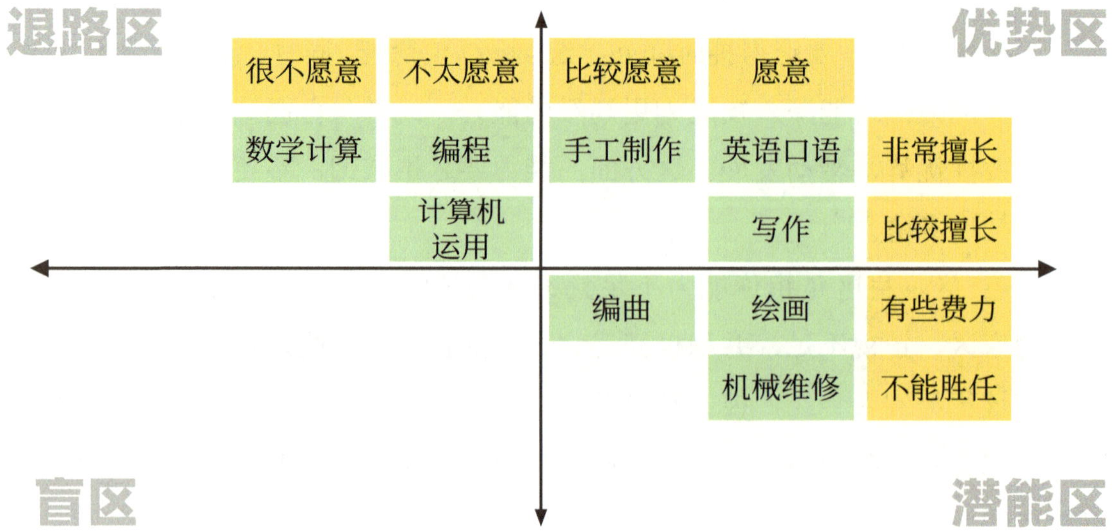

能力矩阵

生涯拓展

电影推荐：《地球上的星星》

导演：［印］阿米尔·汗

梗概：8 岁的男孩伊夏是成年人眼中的问题儿童。他成绩不好，脑子里充满了各种匪夷所思的鬼点子，还经常调皮捣蛋打架。在又一次闯下大祸后，父母将他送到了寄宿学校。被迫与家人分离的生活让伊夏感到闷闷不乐，学习更是成为他的一种巨大负担。

这时，一位名叫尼克的美术老师走进了他的生活。尼克发现伊夏有读写障碍，他没有办法按照常规的方法来学习，所以成绩也没办法达到老师和父母的要求。但伊夏天马行空的想法却让他在绘画方面表现出与众不同的才能。在尼克老师的陪伴下，伊夏的成绩有了提升，他重新拿起画笔，很好地发挥了自己的绘画才能，获得了大家的认可。

开动脑筋

绘画是伊夏哪个区域的能力？伊夏的盲区是什么？找时间观看这部电影，说说你从中受到的启发。

2 我有我的气质

生涯寄语

做一个杰出的人，光有一个合乎逻辑的头脑是不够的，还要有一种强烈的气质。

——［法］司汤达

思考？

气质是每个人独一无二的特征之一。你了解自己的气质特点吗？

生涯故事

迟到的四个人

心理学家达威多娃做过一项实验：有四个人去剧场看戏，都迟到了 15 分钟，工作人员拦住他们，并告知：对不起，您已经迟到 15 分钟，为了不影响他人，您不能进入。

第一个人：为什么不让我进？你知道我为什么迟到吗？刚才有个老大娘摔倒了，我为了扶她才来晚。我是做好事，怎么能不让我进？

——好好好，进去吧。

第二个人：听你的口音，你是南阳人吧？我老婆也是，这里有南阳的烟，你来一根。我是税务局的，以后有什么事情，尽管找我。

——快进去吧。

第三个人：不让进就站在旁边等，不走。第一个人进去了……

——他为什么能进？

——他做了好事。

——那第二个人，又是什么原因？

——算了，算了。你也进去吧。

第四个人：呀！我确实迟到了，不好意思！——转身离开。

四种气质类型的人在这同一环境中，表现出不同的心理状态和行为特点。对此，达威多娃曾有过精彩具体的描述：胆汁质的人与检票员争吵起来，想闯入剧场。较为典型的胆汁质特点的人物是《西游记》中的孙悟空。多血质的人对检票员的做法很理解，但随即又找到理由拉近自己与检票员的关系，从而得以顺利进入剧场安心看戏。《西游记》中的八戒就具有多血质的特点。黏液质的人很理解检票员的做法，并自我安慰。《西游记》中的沙和尚就具有黏液质的特点。抑郁质的人早就对自己的行为感到很后悔，认为真不该迟到，迟到了不给入场是合理的。《西游记》中唐僧的个性特点就非常符合抑郁质这一气质类型。

思考？

故事中，如果是你迟到了，你会怎么做？你觉得自己的气质类型是哪一类，像《西游记》中的哪一个角色？

生涯导航

希波克拉底气质类型说

希波克拉底把气质分为四种基本类型，分别是胆汁质（兴奋型）、多血质（活泼型）、黏液质（安静型）、抑郁质（抑制型），每种类型均有各自的优缺点。

一、胆汁质

直率、热情、精力旺盛、勇敢积极、有魄力、坚韧不拔、敢于承担责任，但情绪容易激动，脾气暴躁，情绪明显外露，过分自信，有时独断专横，影响人际交往。

二、多血质

活泼好动、敏感、反应迅速、善于交际、适应性强，但注意力容易转移，兴趣容易变换，做事缺乏持久性。

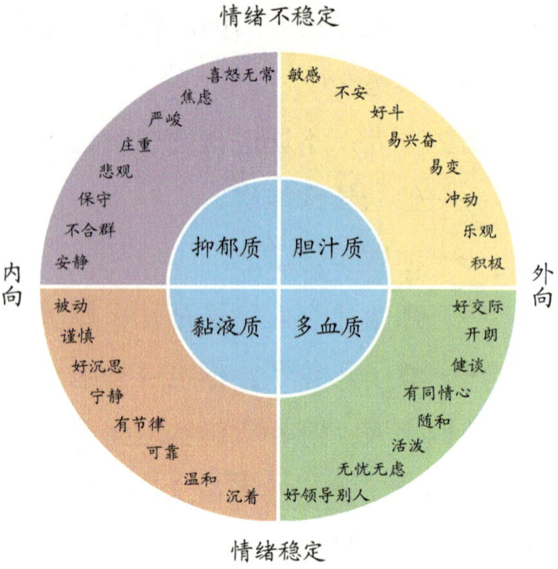

气质类型图

三、黏液质

安静、稳重、沉着、善于忍耐，但沉默寡言，情绪不易外露，反应较慢，不够灵活，因而比较固执，不容易接受新生事物，不能迅速适应变化的环境。

四、抑郁质

细心、谨慎、感情细腻深刻、想象丰富、善于觉察到别人不易觉察的事物，但较孤僻，多忧思，常常疑虑重重，行动相对迟缓，不果断。

思考？

请根据你对气质类型的认识，判断你身边的人是什么气质类型。

生涯体验

西游大碰撞

唐僧师徒四人的气质类型都不同，他们在取经的路途中其实发生过很多冲突和矛盾，也有师徒不和、师兄弟相争的时候。那么，请思考一下，怎样与不同气质类型的人更好地相处呢？

如果朋友属于胆汁质，那么与其相处时需要注意：当他脾气爆发时，不要试图与其辩解，那只会火上添油；应该给他一些冷静的时间，因为他的脾气来得快去得快，而且他不记仇。

如果朋友属于黏液质，那么与之相处要多点耐性。尽管他最初可能对你的热情回应得很少，但他会把情感放在心里，他对朋友很忠诚、讲义气。

如果朋友属于抑郁质，那么他过于敏感，容易自怨自艾。但其实他非常富有同情心，而且观察力很好，很会体贴他人。当他沉浸在悲观的自我世界时，要与他分享现实的美好，不要陪着他掉入悲观的陷阱。

生涯拓展

气质类型相关职业

一、胆汁质

胆汁质类型的人的工作特点带有明显的周期性，埋头于事业，也准备去克服重重困难和障碍。这种人一旦就业，往往对本职工作不那么专注，喜欢跳槽，经常更换工作单位，渴望成为自由职业者。胆汁质的人较适合做反应迅速、动作有力、应急性强、危险性较大、难度较高而费力的工作。合适职业：导游、勘探工作者、推销员、主持人、演讲者、接待员等。

二、多血质

多血质类型的人在工作学习上富有精力且效率高，表现出机敏的工作能力，善于适应环境变化；兴趣广泛，但情感易变，如果事业上不顺利，热情可能消失，其速度与投身事业一样迅速；从事多样化的工作往往成绩卓越。合适职业：心理咨询师、导游、推销员、节目主持人、演讲者、外事接待人员、演员、市场调查员、监督员等。

三、黏液质

黏液质类型的人严格恪守既定的生活秩序和工作制度，不为无所谓的动因而分心。惰性使他们因循守旧，表现为固定性有余，而灵活性不足。他们拥有从容不迫和严肃认真的品德，以及性格的一贯性和确定性。合适职业：外科医生、法官、管理人员、出纳员、会计、播音员、话务员、调解员、教师、人力人事管理主管等。

四、抑郁质

抑郁质的人存在于任何一个领域。他们有理想，高度敏感，善于发现，精确自律，多才多艺，有美感，分析力强，具有天才倾向。但不善交际，偏向于看到事物的负面。抑郁质的人对任何职业都能一丝不苟，责任心强，干什么都会加倍努力。他们中的许多人能成为中坚分子，担当着可靠的角色。合适职业：校对、打字、排版、检察员、雕刻工作、刺绣工作、保管员、机要秘书、艺术工作者、哲学家、科学家等。

开动脑筋

试着分析一下你从事工作的家人分别属于哪种气质类型。他们的职业和他们的气质类型相匹配吗？

3 情绪管理妙方

生涯寄语

成功的秘诀就在于懂得怎样控制痛苦与快乐这股力量，而不为这股力量所反制。如果你能做到这点，就能掌握住自己的人生；反之，你的人生就无法掌握。

——[美] 安东尼・罗宾斯

思考？

情绪稳定是心理健康的重要体现。你知道哪些有效的情绪管理技巧呢？

生涯故事

爱地巴跑圈

在古老的西藏，有一个叫爱地巴的人，他每次生气和人起争执的时候，就以很快的速度跑回家去，绕着自己的房子和土地跑 3 圈，然后坐在田地边喘气。爱地巴工作非常努力，他的房子越来越大，土地也越来越广。但不管房、地有多大，只要与人争论生气，他还是会绕着房子和土地跑 3 圈。“爱地巴为何每次生气都绕着房子和土地跑 3 圈？”所有认识爱地巴的人都很疑惑。但是不管怎么问爱地巴，他都不愿意说明。

直到爱地巴很老了，他的房、地也已经非常广大，但他一生气，还是会拄着拐杖艰难地绕着土地和房子走。等他好不容易走3圈，太阳都下山了，爱地巴就独自坐在田地里喘气。他的孙子在身边恳求他：“阿公，您年纪都这么大了，不能再像从前一样一生气就绕着房、地跑啊！您能不能告诉我，为什么您要这么做呢？”

爱地巴禁不起孙子的恳求，终于说出隐藏在心中多年的秘密，他说：“年轻时，我若和人吵架、争论、生气，就绕着房、地跑3圈，边跑边想‘我的房子这么小，土地这么少，我哪有时间哪有资格去跟人家生气？’。一想到这里，我的气就消了，于是就把所有时间用来努力工作。”孙子又问：“阿公，现在您年纪大了，又是附近最富有的人，为什么还要绕着房、地跑呢？”爱地巴笑着说：“我现在还是会生气啊！当我生气的时候，就绕着房地走3圈，边走边想‘我的房子这么大，土地这么多，我又何必跟人计较那么多呢？’一想到这，我的气自然就消了。”

思考？

当你生气时，你会如何管理自己的情绪呢？

生涯导航

情绪多面观

情绪很奇妙，它就像一把双刃剑：积极情绪可以使人精神焕发、干劲十足；消极情绪则会使人无精打采、萎靡不振。不同的情绪会给我们的健康、学习和生活带来不同的影响。因此，我们要学会觉察自己的情绪，及时且适当地调整情绪，用积极向上的心态去面对新一天的开始。

情绪是我们对内外事物的反应、体验。最普遍、通俗的情绪有喜、怒、哀、惧等，也有一些细腻微妙的情绪如嫉妒、惭愧、羞耻、自豪等。

美国心理学家亚伯·埃利斯认为，情绪产生的过程如下图所示：人不是被事情困扰着，而是被“对事情的看法”困扰着。正是由于我们对所经历的事件拥有不合理的信念，才产生了情绪困扰。

情绪 ABC 理论

埃利斯认为：诱发性事件 A（activating event）只是引发情绪和行为的间接原因，而引起情绪与行为 C（consequence）的直接原因则是我们对诱发性事件 A 的认知和评价而产生的信念 B（belief）。也就是说，我们所产生的情绪和行为 C，不是由于某一事件 A 引发的，而是由于身处其中的我们对它有不正确的认知和评价，从而产生的错误信念 B 直接引起的。在此，错误信念也称为非理性信念。

那么，非理性信念有哪些呢？

1. 绝对化的要求。是指人们常常以自己的意愿为出发点，认为某事件必定、绝对会发生或不发生的想法。它常常表现为将“希望”“想要”等绝对化为“必须”“一定要”等。例如，“我必须成功”“别人必须对我好”，等等。这种绝对化的要求之所以不合理，是因为每一客观事物都有其自身的发展规

律，不以个人的意志为转移。对于某个人来说，他不可能在每一件事上都获得成功；他周围的人或事物的发展也不会都按照他的意愿来改变。因此，当现实与其对事物的绝对化要求相悖时，他会难以接受，从而陷入情绪困扰之中。

2．过分概括的评价。这是一种以偏概全的不合理的思维方式，常常把“有时”“某些”过分概括化为“总是”“所有”等。对此，埃利斯有个幽默的说法：这就好像凭一本书的封面来判定它的好坏一样。它的典型特征是以某一件或某几件事来评价自身或他人的整体或一生的价值。例如，有些人遭受一些失败后，就认为自己“一无是处、毫无价值”。这种片面的自我否定往往导致自卑自弃、自罪自责等不良情绪；而这种评价一旦指向他人，就会产生指责他人的行为，并伴随怨忿、敌意等情绪。我们应该认识到“金无足赤，人无完人”，每个人都有犯错误的可能性，都需要包容与接纳。

3．糟糕至极的结果。这种观念认为如果一件不好的事情发生，那将是非常可怕和糟糕的。例如，“我没考上大学，一切都完了”“我没当上班长，不会有前途了”，等等。如果一个人坚持这种糟糕透顶的观念，那么，当他遇到所谓的“百分之百糟糕”的事情时，就会陷入不良的情绪漩涡中，从而一蹶不振。

因此，在日常生活和学习中，当我们遭遇失败和挫折时，要多“检查”一下自己的大脑，及时发现那些“绝对化要求”“过分概括”和“糟糕至极”等不合理想法，与身边的亲朋好友交谈、驳斥，或者寻求心理老师的帮助。

有效的情绪管理技巧

情绪管理是每个人的终生课题。当能很好地管理自己的情绪，对生活中的矛盾和失败能适当地排解，以乐观的态度、幽默的风格及时缓解消极的心理状态时，我们能建立更良好的个人形象，对我们的未来有非常大的助力。

一、接纳自己的情绪

情绪本身不是问题，每一种情绪都有其存在的缘由，关键在于我们应对这份情绪的态度。我们要学会觉察、认清并接纳自己的情绪，理清情绪产生的真正原因。

二、学会换位思考

尝试站在对方的角度来思考自己面临的问题。跳出自己的小天地看问题，也许就豁然开朗，一切都不那么严重了。另外，换位思考也是智慧的来源，能有效提高我们的交友能力。

三、主动寻求帮助

假如你已身处困境，请不要害怕向他人求助，请记住你不是一个人，你的身边还有朋友、父母、老师、心理医生等，他们都可以为你提供帮助，让你摆脱困境。

四、学会情绪宣泄

当受到抑郁、焦虑、烦躁等不良情绪困扰时，不要独自忍受憋在心底，你可以通过哭泣、调整呼吸、参加体育锻炼、放松休闲等方式释放不良情绪，缓解压力。

五、坦然面对一切

电影《阿甘正传》里主人公的母亲对阿甘说过一句话：“生活就像一盒巧克力，你永远不知道下一颗的味道是什么。”人生不会总是一帆风顺的，它总是充满着各种未知以及不如意，我们要学会坦然接受，积极应对。

六、寻找事实证据

学习福尔摩斯的逻辑，用事实（而不是自己的想象）来作出结论。“我觉得他讨厌我”或“我想他可能故意给我找麻烦”之类的属于主观想象，而不是事实。所以在下结论时，要记得看一看你的论据是否属实。另外，对自己的某些想法，你也可以试着通过实际行动来证明其正确与否。

情绪管理不是让自己再也不受问题或麻烦的滋扰，再也没有烦恼或伤心，而是当遇到问题时，通过对自己想法的反思，重新评价，及时修正，我们可以以一种更为合理的、与实际情况更相符的方式来看待问题，从而摆脱消极情绪对自己的负面影响。

生涯体验

合理情绪疗法 ABCDE 理论

在合理情绪疗法中，除了上述 ABC 之外，还有：D（disputing），即一个辩论的过程，用合理的信念去驳斥、对抗不合理的信念，以此来改变原有不合理的想法；E（effect），即经过辩论而产生的认知、情绪和行动上的改善。ABCDE 理论重视人的理性力量和主动性，相信人最终能通过自我调节而顺应环境。

针对各种非理性信念，我们可以通过以下几方面来进行辩论、驳斥：

1. 这不是事实，这只是我的主观臆想；
2. 这想法会伤害我；
3. 这想法会破坏我跟他人之间的情感；
4. 这想法会阻碍我的进步，妨碍我达到自己的目标；
5. 如果情况改善了，我就真的可以……了吗？

运用类似的言语来对自己的非理性信念进行辩论、驳斥，调整自己的想法，转换思考的方向，积极寻求正面理解。但是这个过程并非一蹴而就，需要有意识地坚持尝试和体验，才能逐渐改变原有的思维方式，掌握管理情绪的能力。

下面的小练习，我们可以运用以上的驳斥言论来试一下。

例子：一学生在校园内散步，途中碰到他的班主任，他很热情地向班主任打招呼问好，但对方并没有回应他，而是径直走了过去。

原想法：“是不是上次顶撞了老师，他就故意不理我了？他肯定不喜欢我了，觉得我是个坏学生！下一步可能就要故意找我的麻烦了，甚至可能要叫家长了！”于是该学生十分紧张不安，上课都不能认真听讲，还因此导致班主任对他的不满。

驳斥：“这不是事实，这只是我自己的想法而已。班主任可能是在想别的事情所以没听到而已。一次犯错并不代表我就是个坏学生。如果我以后好好表现，班主任肯定对我会有所改观的。情况还没那么糟糕，我还有改进空间！”

思考？

如果你在路上遇见好朋友，跟好朋友打了招呼，但好朋友并没有理你。你会怎么想，怎么做？

生涯拓展

电影推荐：《头脑特工队》

导演：［美］彼特·道格特

梗概：可爱的小女孩莱莉出生在明尼苏达州一个平凡的家庭中，从小她在父母的呵护下长大，脑海中保存着无数美好甜蜜的回忆。当然这些记忆还与几个莱莉未曾谋面的伙伴息息相关，他们就是人类的五种主要情绪：乐乐、忧忧、怕怕、厌厌和怒怒。乐乐作为团队的领导，她协同其他伙伴致力于为小主人营造更多美好的珍贵回忆。某天，莱莉随同父母搬到了旧金山，肮脏逼仄的公寓、陌生的校园环境、逐渐失落的友情都让莱莉无所适从。她负面情绪逐渐累积，内心美好的世界渐次崩塌。为了保护这一切，乐乐行动起来，却弄巧成拙，导致本来乐观的莱莉变成愤世嫉俗少女。但最终，乐乐与忧忧终于在复杂的脑中世界回到大脑总部，让莱莉重拾原本快乐正常的情绪。

开动脑筋

找机会看看《头脑特工队》这部电影。想一想：莱莉的负面情绪是如何出现的？她又是怎么化解负面情绪的？

4 打破思维定势

生涯寄语

妨碍个体学习的最大障碍，并不是未知的东西，而是已知的东西。

——［英］贝尔纳

思考？

思维定势是创新最大的敌人。你知道怎么打破思维限制，激发自己的创新思维吗？

生涯故事

盲人买剪刀

美国科普作家阿西莫夫曾经讲过一个关于自己的故事。阿西莫夫从小就聪明，年轻时多次参加智商测试，得分总在160左右，属于“天赋极高者”之列。他一直为此洋洋得意。有一次，他遇到一个老熟人汽车修理工。修理工对阿西莫夫说：“嗨，博士！我来出一道题考考你，看你能不能回答出来。”

阿西莫夫点头同意。修理工便开始说题：

“有一位既聋又哑的人，想买几根钉子，来到五金商店，对售货员做了这样一个手势：左手两个指头立在柜台上，右手握紧拳头做出敲击状。售货员见状，先给他拿来一把锤子。聋哑人摇摇头，指了指立着的那两根指头。于是售货员就明白了，聋哑人想买的是钉子。聋哑人买好钉子刚走出商店，接着进来一位盲人。这位盲人想买一把剪刀。请问：盲人将会怎样做？”

阿西莫夫顺口答道：“盲人肯定会这样。”说着，伸出食指和中指，做出剪刀的形状。

修理工一听笑了：“哈哈，你答错了！”

思考？

为什么阿西莫夫会回答错误呢？你知道盲人如何才能买到剪刀吗？

生涯导航

思维定势的定义及分类

思维定势又称“习惯性思维”，是指个体按习惯的、比较固定的思路去考虑问题、分析问题，表现为在解决问题过程中，我们倾向于用以前经历过或运用过的方式、技巧来对新问题做出反应。思维定势阻碍了思维的开放性和灵活性，造成思维僵化呆板，一定程度上影响了创新想法的出现。

从另一个角度讲，思维定势也可以说是思维的惯性，或思维的惰性，即人们习惯性地或出于惰性，从已有的方式、方案中出发思考和解决问题。其分类主要有以下几种。

1. 从众定势。指个体受到外界人群行为的影响，为了符合公众或多数人的行为方式而改变自己对事物的知觉、判断和认识。

2. 权威定势。指具有影响力的人（例如有地位、受人尊敬、文化水平较高的人）所说的话，容易引起个体的注意，并相信其内容的真实性。这也就是我们常说的“人微言轻、人贵言重”。

3. 经验定势。指个体在处理新问题时，不注意事物的新信息和偶然性，习惯按照已有的经验去做。

4. 书本定势。指个体在处理问题、事情时，习惯于照搬书本知识，而不去关注和研究现实。

思维定势的利弊

思维定势对于问题解决具有极其重要的意义，可以让我们省去许多摸索、试探的环节，既缩短思考的时间，又提高工作的效率。在日常生活中，思维定势可以帮我们解决每天碰到的 90% 以上的问题。

1. 定向是成功解题的前提。在定向解决问题时，我们需要方向明确和目标清晰，否则将会陷入盲目解题的困境无法自拔。

2. 定向方法是解题的核心。实现目标最重要的是有了相应的定向方法。不同类型的问题总有其对应的常规或特殊的解决方法，而定向方法则能帮助我们对症下药，解决问题。

3. 运用定势解决问题是一个有目的、有计划的活动，我们须要按步骤进行，遵守规范，获得成功的概率会有所提高。

同时，思维定势是一把双刃剑，它对问题的解决既有积极的作用，也有消极的作用。从消极的一面来看，它会禁锢我们的思维，使我们养成一种呆板、机械、千篇一律的解题习惯。一旦遇到相似而本质不同的新问题，思维的定势往往会使人步入解题的误区。

思维定势的形成原因

著名心理学家陆钦斯曾做过著名的量水实验，根据提供的三个容器 A、B、C 的容量，按要求量出所需要容量 D 的水。（见下表）

陆钦斯的实验结果表明，无论是小学生还是中学生，大多数都具有强烈的三杯量法的定势。实验组通常坚持用三杯法去完成这一系列的题目，而忽视了更简单的解法。因此，思维定势会使我们的思维失去灵活性，变得呆板难以变通。

思维定势形成的原因大概可以归为以下四种：思维成熟度的影响、已有经验的影响、学习动机的影响、教师教学方式缺乏变化。

序号	提供的三个容器的容量			要求量出水的容量 D	方法
	A	B	C		
1	21	127	3	100	
2	14	163	25	99	
3	18	43	10	5	
4	9	42	6	21	
5	20	59	4	31	
6	23	49	3	20	
7	15	39	3	18	
8	28	76	3	25	
9	28	76	3	25	
10	18	48	4	22	
11	14	36	8	6	

打破思维定势

罗杰曾说过：“打破规则不是孕育创意的必要条件，但却是一条路径。”打破思维定势，让思维活跃起来，能使我们避免陷入解题的困境。就像田忌赛马，面对对方上、中、下三匹马分别都强于自己上、中、下三匹马的情况，田忌打破常规思维，用下品马对抗对方的上品马，上品马对中品马，中品马对下品马，最终反败为胜。

打破思维定势主要有以下方法。

1. 多角度分析问题。心理学家认为发散思维是测定创造性思维的主要标志之一。发散思维是指大脑在思考时呈现的一种扩散状态的模式。培养发散思维可以用“一物多用”“一题多解”“头脑风暴”等方式，让我们尽可能多地进行联想，写出各种合理的答案。例如“限时说出常见的矿泉水瓶有何用途”等。

2．逆向思维。逆向思维是指对日常生活中常见的或已成定论的观点进行相反思考的过程。就像司马光砸缸的故事一样，遇见有人落水，大部分人的常规操作就是“救人离水”。而司马光面对紧急情况，运用了逆向思维，果断地用石头把缸砸破，“让水离人”，救了小伙伴的性命。

思考？

你有受到过思维定势的影响吗？你觉得当时应该怎样打破思维定势呢？

生涯体验

九个点

开动脑筋：如何只用 4 条直线将下面的 9 个点连起来？要求每条直线都必须相连，且不能有重叠部分。

在 5 分钟内，请大胆进行各种尝试。

上网搜索不同答案，并对照自己最终的解决方法，思考是否有更多其他画法。

思考：

（1）在尝试将这九个点连起来时，哪些观点影响了我们？

（2）有什么关键线索可以帮助我们走出困境？

生涯拓展

书籍推荐：《打破思维定势》

作者：［日］养老孟司

推荐理由：这本书深度剖析了导致思维定势的“简单思维”“惯性思维”“经验思维”等因素，结合生活事例提出了“瞬间思维转换方程式”。这个方程式实用而有趣，能够帮助读者在各个方面打破思维定势，创造性地思考和解决问题，让自己的生活精彩起来。

开动脑筋

找机会看看《打破思维定势》这本书。联系你的生活实际，想一想如何打破思维定势。

5 我的学习风格

生涯寄语

了解自己的学习风格，善用自己的学习方式，能让你更好地掌握知识。

——佚名

思考？

风格无好坏，适合自己的才是最好的。你知道哪种学习风格最适合自己吗？

生涯故事

学习风格大不同

明浩在学习上一直感到很困惑，他觉得难以理解课程内容，也记不住老师讲的知识点。但是明浩的同桌大鹏却成绩优秀，于是明浩决定暗中观察他的学习方式。

明浩发现，大鹏在学习时轻声复述老师的重点，用笔在书上画出关键内容；在下课时，大鹏会边指着书中的重点边读出声，甚至在背书时还会伴着音乐手舞足蹈。明浩决定效仿他，希望找到学习的诀窍。可是一段时间过后，明浩的成绩并未提高，反而有所下降。原来，明浩发现自己一旦听音乐就会不由自主地联想到与音乐相关的画面，导致无法集中精力学习。明浩十分苦恼，开始怀疑自己是否适合学习。

正当明浩陷入迷茫时，他找到了学校的心理老师。经过一番交流，心理老师指出，大鹏可能更善于使用听觉和动觉进行学习，而明浩则更适合通过观看图表、图片等视觉信息来理解知识。心理老师建议明浩尝试将课程内容总结成图表和笔记，并使用不同的颜色和标记来区分重点。明浩听从了心理老师的建议，开始尝试新的学习方法。他发现这种学习方法不仅使学习内容更加易于理解，还提高了他的记忆力和学习效率。慢慢地，明浩的学习成绩开始有了明显的提升。从此以后，明浩在学习上取得了显著的进步。他开始主动寻找更多的视觉学习资源，如视频教程、演示文稿等。他也学会了如何更好地利用自己的学习风格来提高学习效果。在这个过程中，明浩不仅收获了知识，还学会了如何找到适合自己的学习方法，更好地挖掘自己的潜力。

思考？

除了故事中提到的“视觉型”“听觉型”“动觉型”学习风格，你觉得还有哪些学习风格呢？不同的学习风格又有怎样的特点呢？

生涯导航

VARK 学习风格模型

1987 年，新西兰教育家尼尔·弗莱明提出了 VARK 模型，把学习分为视觉型（visual）、听觉型（auditory）、读写型（reading）、动觉型（kinesthetic）4 种偏好类型。

根据该模型，大多数人会偏好其中一种或多种学习方式。

VARK 学习风格模型

下表是这四种学习风格的优势及建议。

视觉型	1. 关键词：图片、图表、视频。 2. 优势： （1）喜欢看图学习，并脑补书中画面； （2）善于记人（相貌）、记地点； （3）喜欢把事物画下来。 3. 劣势： （1）不喜欢阅读大量的文字和课文； （2）听教程或演讲容易让人昏昏入睡。 4. 学习强化建议： （1）多使用图画、图表，能够将关键词转化为符号进行记忆； （2）运用“颜色记忆法”将不同类型的信息转化为不同的颜色来记忆。 5. 参考学习方法和工具：Excel、PPT、思维导图、知识卡片。

续上表

听觉型	1. 关键词：演讲、音频、讨论。 2. 优势： （1）喜欢与人交流，通过跟他人讨论知识而获得成长； （2）看书时喜欢发出声音或听电子书； （3）善于分辨不同的声音； （4）喜欢听语音指示做事。 3. 劣势： （1）不喜欢看图并进行书面描述； （2）在安静的环境下默默看书容易打瞌睡。 4. 学习强化建议： （1）将需要记忆的知识大声朗读出来； （2）在听课、讨论的过程中将重点录音反复聆听； （3）将自己学到的知识分享给别人听，一起探讨。 5. 参考学习方法和工具：谐音联想法、歌诀法、乐器、音乐软件、有声书。
读写型	1. 关键词：阅读、笔记、清单。 2. 优势： （1）喜欢用写下来的方式处理信息； （2）喜欢安静独立的学习环境； （3）喜欢读书和处理文字类工作； （4）书上满满的笔记会让人感到开心； （5）能够很快抓住段落中的重点。 3. 劣势：不喜欢没有目标的长时间讨论，这样容易抓不住重点。 4. 学习强化建议： （1）多读、多写，做好笔记，以便复习； （2）将看到的知识转化成自己的语言，促进理解和记忆；

续上表

读写型	（3）将图片、图标等转化为文字（来描述），提高语言的组织能力和表达力。 5．参考学习方法和工具：Excel、Word、康奈尔笔记法。
动觉型	1．关键词：实验、操作、演示。 2．优势： （1）喜欢举手回答问题； （2）善于模仿他人，喜欢表演； （3）喜欢使用肢体语言与他人沟通； （4）喜欢操作实验类课程和体验类活动； （5）喜欢将所学知识运用到实践中去。 3．劣势： （1）不喜欢没有具体事例的阅读； （2）不喜欢静坐思考。 4．学习强化建议： （1）寻找或创造可以进行持续实践、演练的环境或场地； （2）将理论知识与现实生活结合，通过生活中的例子来学习； （3）通过肢体动作的触碰来增强记忆。 5．参考学习方法和工具：刻意练习、费曼学习法。

其实，50%～70%的人是“综合型学习者”，即综合了两种以上的学习风格，当各种感觉通道同时工作时，学习的效果将达到最佳。对于不同的学习风格，每个人都有其独特的偏好。选择一种方法或多种方法学习并无对错之分，关键在于充分利用个人独特的学习倾向，选择合适的学习策略，扬长避短，弥补不足，从而提升学习过程中的心理愉悦感，进而提升学习效果。

思考？

你属于哪种学习风格？如何找到适合自己的学习风格？

生涯体验

了解自己的学习风格

请通过下面学习风格自测题，了解一下你的学习风格。

1. 如果你认为你可能是视觉型学习者，请回答以下问题：

☐ 是否需要看到信息才能记住它？

☐ 是否密切注意他人的肢体语言？

☐ 艺术、美感和美学对你来说重要吗？

☐ 在脑海中将信息想象成图片可以帮助你更好地记住它吗？

如果以上选项里面有三四项回答“是”，那你很有可能是视觉型学习者。

2. 如果你认为你可能是听觉型学习者，请回答以下问题：

☐ 喜欢听老师讲课而不是阅读教科书吗？

☐ 大声朗读有助于你更好地记住信息吗？

☐ 如果错过了某一节课，你更愿意听课堂录音而不是看笔记吗？

☐ 尝试过把要记忆的内容编成歌唱出来吗？

如果以上选项里面有三四项回答“是”，那你很有可能是听觉型学习者。

3. 如果你认为你可能是读写型学习者，请回答以下问题：

☐ 是否认为读书是获取新信息的好方法？

☐ 在上课和阅读教科书时，你会记很多笔记吗？

☐ 喜欢制作列表、阅读定义并撰写文稿吗？

☐ 当老师使用 PPT 或讲义讲解知识时，你喜欢这种方式吗？

如果以上选项里面有三四项回答“是”，那你很有可能是读写型学习者。

4. 如果你认为你可能是动觉型学习者，请回答以下问题：

☐ 喜欢直接动手操作实验吗？

☐ 很难长时间坐着不动吗？

☐ 是否擅长绘画、烹饪、机械、木工和运动等活动？

☐ 是否必须通过练习和操作才能学习？

如果以上选项里面有三四项回答“是”，那你很有可能是动觉型学习者。

通过了解自己的学习风格，并结合你过往的学习方法，你觉得你的学习方法还可以有哪些改进？

____

____

生涯拓展

康奈尔笔记法

康奈尔笔记法将一页纸分为三个部分：笔记区、提示栏和总结区。在听讲或阅读过程中，在笔记区记录有意义的信息或内容；下课以后，尽可能及早将这些信息简明扼要地概括在提示栏；最后，用自己的语言在总结区总结这页记录的内容。这种方法有助于加深理解和记忆，提高学习效果。

提示栏

提炼归纳
重要知识点

填写时间
课后复习

笔记区

记录主要内容
- 用简洁的文字
- 用简洁的符号
- 使用缩写
- 写成列表
- 要点与要点之间要留有一定的空白

填写时间
听课时

总结区

归纳关键词
记录最重要的几点

填写时间
复习时

6 应对考试焦虑

生涯寄语

焦虑的解药是具体，当我们的脚踩到具体的路径上，一步一步往前走的时候，就不焦虑了。

——《圆桌派》

思考？

在考试经历中，你有体验过焦虑情绪吗？你是如何应对的呢？

生涯故事

考试不及格的小鸡

在一个小农场里，住着一只可爱的小鸡，它的名字叫咪咪。咪咪是一只非常努力的小鸡，它总是认真地学习和练习。

有一天，咪咪的朋友们告诉它，马上要进行一场小动物们的考试了。咪咪听了之后，觉得有些紧张。它决定更加努力地学习。每天早早起床，专心地复习各种知识。咪咪的妈妈看到它这么认真，很是欣慰，她鼓励咪咪说："只要你努力了，无论结果如何，妈妈都会支持你。"

很快，考试的日子到了，小动物们都聚集在一起，准备开始考试。咪咪紧张地把卷子翻开，开始回答问题。尽管它用心回答了每个问题，但有些问题还是不太理解。考试结束后，咪咪觉得自己的表现可能不太好。等到成绩公布的那一刻，咪咪看到自己的名字旁边写着“不及格”。它感到很失望，眼泪不禁流了出来。这时，鸡妈妈走了过来，温柔地拥抱着它，说：“咪咪，考试不及格并不可怕，重要的是准备考试的过程你用心去学习了。继续加油，肯定会越来越好的。”

咪咪听了鸡妈妈的话，心情逐渐好了起来。它决定不气馁，继续努力学习，克服困难。经过一段时间的努力，咪咪再次参加了考试。这次，由于付出了更多的努力，它终于取得了好成绩。

这个故事告诉我们：考试成绩并不是衡量一切的标准，重要的是在准备考试的过程中我们要用心去努力，不怕失败，不断进步。

思考？

小鸡考试前和考试后的心情是什么样的？为什么小鸡能快速从失败中走出来？

生涯导航

考试焦虑怎么办？

心理学家耶克斯和多德森通过研究发现，焦虑水平与任务表现之间的关系更接近倒U形的曲线，尤其是执行有一定难度的任务时。

简单来说，当我们处于轻中度焦虑的时候，表现更好，获得的成绩更理想；如果完全不焦虑，我们可能就失去动力；如果焦虑太严重，表现又会受到消极影响。这意味着焦虑不是一件坏事。我们烦恼的原因，不是因为焦虑，而是焦虑升温的时候不知道可以做些什么让它降下来。又或者，习惯性地采取一些不恰当的应对方式反而令焦虑持续存在，例如压抑等。

综上所述，可以发现一个合理且有效的应对考试焦虑的方法：学习一些在短时间内应对强烈焦虑的方法，让焦虑保持在一个适度的范围，减少它对学习和考试的消极影响。

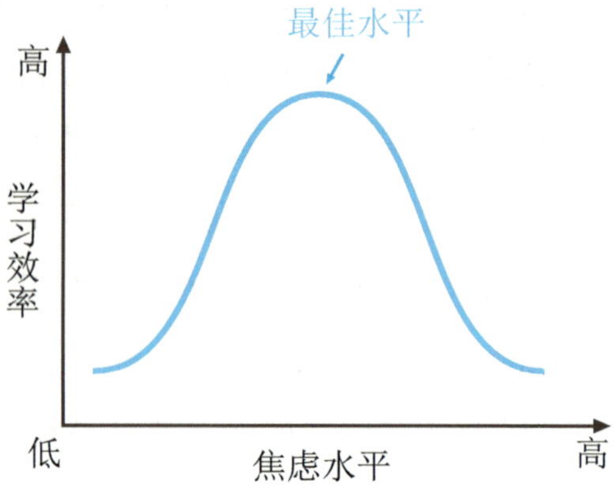

焦虑水平与学习效率之间的关系

那么，当急性情绪爆发时，我们能怎么做呢？

1．接纳焦虑情绪。当焦虑情绪已经很激烈时，我们可能很难用理性的力量来处理这些情绪。这个时候可以先给自己一些时间，不要强迫自己压抑和掩盖情绪，因为越想压抑或掩盖这些强烈的情绪，这些情绪可能会变得越强大。

2．宣泄表达情绪。找一个安全的时间和空间，用安全、健康的方式把情绪表达宣泄出来。例如，给自己留出 10 分钟的“焦虑时刻”，尝试去做这些事情：尽情大哭一场；在不会引人注意的地方大声尖叫，用力把公仔、枕头甚至被子扔到墙上；找到你信任和依赖的人，向他诉说你的感受……当“焦虑时刻”结束后，就让自己继续做回手头上的事情。切记在表达激烈情绪时，不要使用伤害自己或伤害他人的方式。如果你愿意，可以让你信任的亲友陪伴你度过情绪激烈的时刻。

3. 剧烈运动平复情绪。如果上面提到的方法没有效果，还可以试试通过剧烈运动让身体先升温，再降温。这个方法需要你选择一项简单但是强度较大的运动，如跑步、快走、跳绳等。尝试运动 10 分钟。如果你不常运动，或很讨厌运动，可以适当缩短时间到自己能接受的长度和强度。只要运动过程中你能感觉到心跳、呼吸加快，身体微微出汗就好。起效机制：当剧烈运动停止的时候，我们身体的自然冷却反应就会被触发，让各项生理指标恢复到比较平稳的状态。这是一个让身体先热起来再冷下来的过程。

4. 保持平和心态。在重要挑战面前，你可能觉得面临的挑战太大，超出了你的承受能力，让你焦虑、恐慌，爆发激烈情绪，失去行动力。这其实很正常，很多人与你都有相似的经历。在这样的时刻，请你记住，越是激烈的情绪，越不会持久存在。给自己多一些耐心，它会过去的。当它过去后，你依然可以回到当下对你最重要的行动中去。它对你产生的实际影响，其实非常有限。

思考？

除了考试，你还在什么情况下焦虑？你是怎么克服的呢？

生涯体验

情绪曼陀罗

你可以在一天中的任意时间，拿出画笔，尝试记录。

请你静心感受你的焦虑情绪，想象焦虑有颜色。它会是哪些颜色？然后把你想象中的颜色填涂到曼陀罗画上。

注意：

1. 不必在意你的美术功底；

2. 随时记录脑海中想到的事物；

3. 静下心来，专注在你的绘制上。

情绪曼陀罗

情绪是你对外在事物的一种反应，它们都有自己存在的意义。那些让你感到不舒服的情绪，你可以看见它，认可它，然后转换它。也许今天不是理想的一天，但今天一定是独一无二的一天。而令这些改变发生的，正是手握画笔的你。

生涯拓展

书籍推荐：《克服焦虑》

作者：［瑞士］维雷娜·卡斯特

推荐理由：作者在书中描述了焦虑的感觉，考察了焦虑的种种心理状态，破译了焦虑的语言、表达方式及其产生的根源，指出了改变和克服焦虑的方法。作者要说的是，我们越是勇敢地面对焦虑，就越能正视我们需要改变的东西，我们也就越能与自己的感觉有更多的联系。我们会因此变得更为真诚，我们的生活也因此变得真实，我们的人际关系会因此变得更加亲切、和善，更加具有活力。

开动脑筋

找机会看看《克服焦虑》这本书。联系你的生活实际，想一想如何克服焦虑。

7 亲子“慧”沟通

生涯寄语

家庭应该是爱、欢乐和笑的殿堂。

——[日]木村久

思考？

良好的亲子关系是开启幸福人生的金钥匙。你知道如何与父母进行积极有效的沟通吗？

生涯故事

跨越大西洋的奇迹

1984年，在一艘横渡大西洋的船上，一位父亲正在用腰刀为女儿削苹果。这时，船突然剧烈地摇晃起来。父亲摔倒了，刀子不幸插进了他的胸口。他全身都在颤抖，嘴唇瞬间发青。6岁的女儿被这一幕吓坏了，尖叫着扑过去想要扶他。他却微笑着推开女儿的手：“没事儿，只是摔了一跤。”然后轻轻地拔出刀子，慢慢地爬起来，悄悄地揩去了刀锋上的血迹。

往后三天，父亲照常每晚为女儿唱摇篮曲，清晨替她系好美丽的蝴蝶结，带她去看蔚蓝的大海，仿佛一切如常。

船靠岸了，女儿看到了人群中的妈妈，开心地大喊：“妈妈！”这时，周围忽然一片惊呼，女儿一回头，却见父亲已经仰面倒下，胸口血如井喷，霎时间染红了整片天空……

尸检的结果令人惊讶：那把刀无比精准地刺穿了这位父亲的心脏，他却多活了三天——这是医学史上非常罕见的奇迹。医学会议上，大家争相为之命名。

“够了！”一位资深的老医者大喝，然后一字一顿地说：“这个奇迹的名字，叫父亲！”

思考？

是什么让这位父亲带着致命的刀伤撑过了三天？回想一下平日里自己父亲的一言一行，你有什么感受？

生涯导航

如何与父母更好地相处

小鑫妈妈的生日快到了，小鑫想要给妈妈送个礼物，却不知道该送什么……小鑫回想起平时跟妈妈的沟通都是：

“小鑫，要吃饭了。”

“哦。”

“小鑫，不要一直玩手机，这样对眼睛不好……”

“知道啦，知道啦！天天念叨来念叨去的，你烦不烦啊？你不烦，我听着都累！”

……

像小鑫和妈妈这样的亲子关系在生活中很常见。无论是生活习惯、待人接物还是价值观，我们和父母之间似乎总存在着许多不同。随着年岁的增长，渐渐地，我们会觉得难以和父母沟通。不知不觉中，我们与父母的交流越来越少，彼此间的了解和关心也越来越少。但是生活在同一屋檐下，亲子间的沟通与相处是我们永远无法逃避的。我们应该如何更好地与父母相处呢？

首先，要学会了解并接受父母的不完美。世界上没有完美的人，父母亦如此。小的时候，我们都以为父母是“万能的神”，基本我们想要的、想做的，父母都能帮我们办到。但随着我们逐渐长大，我们不难发现：其实父母也是凡人而已，并不是全知全能的神。父母习惯了在我们的生活中扮演超人，为我们排除万难，但父母总有办不到的事情，也会有一些缺点。就比如：在生活中，父母总会说一些不近人情的话，这也许会打击到我们的自尊心，让我们很受伤。但这可能是因为父母不太会表达，不懂得如何与日渐成长的孩子交流；又或许是因为父母在为人子女的时候，也未能从他们的父母身上学到如何温暖表达的方式……其实我们静下心来，耐心倾听，不难听出话语中包含的是对我们满满的关心与爱意。生为凡人，父母也有他们的不完美。如果这些“不完美”我们能帮助改正，那就陪伴父母一起改正，正如小时候他们陪我们长大一样；如果改不了，那就学会放下，接纳父母的不完美。毕竟，我们自己尚且做不到完美，又凭什么要求父母十全十美呢？

其次，要调整与父母的沟通方式。下面几个谈话小技巧，不妨试一下：

1. 选择适宜的时机和场合进行沟通。古诗云：“云破月现花弄影”，这就体现了时机的关键性——云若不破，月光自然显露不出来，花就无法“弄影”了。因此，在与父母沟通前，要注意“时空”因素，在双方都心平气和、周边环境比较宁静祥和时展开话题，能够得到很好的谈话结果。

2. 避免与父母争辩。抗争是沟通的毒药。“争辩”“对抗”带来的只能是对立；纵使我们“抗争”获胜，最终的结果也不会

“融洽”。对待父母的态度要尽量温和。当双方的谈话因陷入僵局而无法继续时，我们可以先暂停下来；有需要时，也可以寻求与父母关系好谈得来的长辈的帮助，由他人转达你对父母的关心以及你的期望，这样便能很好地避开冲突。

3. 换位思考，多从父母的角度去想他们需要什么。我们最容易犯的错误就是，总想我要什么，却很少去想父母要什么，因此往往各说各话，都觉得对方过分、不可理喻，完全找不到任何共同点。但其实，我们的沟通都只是为了表达让彼此都能更好地生活的愿景，不能互相伤害。

4. 在不违背自我原则的前提下，尽量满足父母的要求。有些时候，我们的要求并不过分，但父母就是不答应。这可能是因为我们的表现没有达到他们的要求，或者他们并不知道我们真的有好好生活。如果我们好好表现，让父母信任，给父母信心，他们才会放心让我们独立，我们想要达成目标也就简单得多了。

思考？

你和父母争吵过吗？如果以后遇到类似情况你应该怎么做？

生涯体验

父母的剪影

一、活动目的

通过日常对父母的观察和了解，将自己心目中的父母剪影描绘出来，更切实地感受亲子关系。

二、活动步骤

1. 在一张 A4 纸上用彩笔完成一幅父母的剪影画像。可以随意绘画，不拘泥于形式和要求，只要是自己心目中的父母形象即可。

2. 完成后，可以与父母分享自己的作品，并进行解释和说明，并询问父母对此的感受和看法。

三、活动思考

绘画剪影时你是怎么想的？绘画时你想起的是与父母间发生的什么事情？画完之后，你有怎样的心得体会？

生涯拓展

电影推荐：《小孩不笨 2》

导演：梁智强

梗概：15 岁的汤姆和 8 岁的杰瑞是兄弟俩，他们的家庭属于新加坡中产阶级。他们的父母都忙于赚钱，很少与孩子沟通，以为只要在物质上满足他们就足够了，却不知道孩子更需要的是父母的关爱和称赞。汤姆的同学成才与他的父亲也存在着同样的沟通问题。成才的父亲出身低，坐过牢，为了不让儿子步自己的后尘，他非常苛刻地管教成才，父子俩整日拳脚相向。影片最后，父母懂得了与孩子好好地沟通，深刻地反省自己，家庭的氛围又慢慢地变得和睦起来。

开动脑筋

找机会看看《小孩不笨 2》这部电影。想一想：这部电影对你和父母的相处有什么启发？

8 学会有效沟通

生涯寄语

谈话的艺术是听与被听的艺术。

——［英］赫兹里特

思考？

在多数情况下，多人沟通过程中会出现信息传递偏差。你知道如何避免吗？

生涯故事

鸡同鸭讲

一天，一群官人到茶馆喝茶。

小二：“大人，人都到齐了吗？”

大人 1：“茶。”

小二：“一二三四，一共 4 位。”

大人 2：“倒茶。”

小二：“四三二一，还是 4 位。”

师爷：“你数啥？”

小二："我属狗。"

大人1："我们是要你倒茶水！喝的茶水！"

小二："我以为让我查数呢。整岔劈了。"

大人1和2：……

他们说了半天，敢情是鸡同鸭讲啊！

思考？

故事里，对话双方都无法真正理解对方的意思。你遇到过类似的尴尬情况吗？怎样才能避免出现这种尴尬呢？

生涯导航

影响沟通效果的噪音

我们每天说那么多话，对方是否能全盘接收到我们话里的意思呢？是什么原因导致对方无法完全明白我们的意思呢？到底怎样才能让对方明白我们所想要表达的意思呢？在解决这些实际问题之前，我们需要了解一下信息传递过程中存在哪些干扰因素。

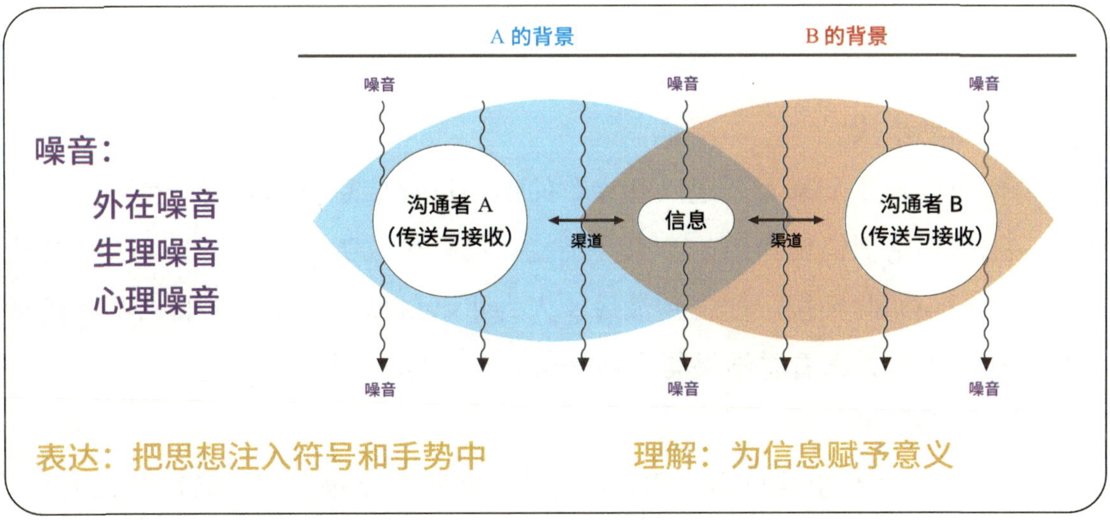

交流沟通模式

在日常沟通中，我们把思想注入符号和手势中并传递出去，就是表达；我们接收信息，为信息赋予意义的过程就是理解。在表达和理解之间，还有个经常被我们忽视的因素：噪音。沟通中的噪音是指影响沟通的一切消极、负面因素，包括外在噪音、生理噪音、心理噪音。这些噪音可能导致信息传递过程中（表达和理解）信息的失真，包括信息的删减、扭曲，或者信息一般化。外在噪音是指外在环境的噪音，比如吵闹的音乐；生理噪音则是指生理上的健康状况对信息传递的影响，包括生病、疲倦、失聪等；心理噪音是指由于内在力量干扰造成无法准确地理解信息，比如一个处于叛逆期的孩子对父母说的话通常不屑一顾。

为了让沟通更高效，我们必须尽量排除这些噪音的干扰，寻找适合谈话的场合，清晰表达，认真倾听。

思考？

在和他人沟通的过程中，你有遇到被误解的时候吗？你认为是什么原因导致的？

生涯体验

活动一：初阶传声筒

一、活动步骤

请你找 3 ～ 5 个家人一起以开火车的形式进行信息传递。第一个人记住一句话，把这句话悄悄传给下一个人（不能让第三个人听到），第二个人再传给下一个人……如此类推，一直到最后一人为止。最后一个人需要将所听到的话完整复述出来，大家看看结果与原话是否完全一致。

二、活动思考

1．明明只是简单地传递一句话，为什么到最后结果会发生这样的变化？

2．为了让信息有效传达，你可以怎么做？

三、知识分享

每个人在信息传递时都会加入自己的理解和思考，而每个人的理解和表述都可能有偏差，所以在传递过程中信息可能被删减或扭曲。为了减少信息失真，沟通中要注意尽量减少信息传输节点，即尽量少一些“中间人”。同时还要注意每次传递的信息不能太多，不然容易发生遗漏。

活动二：高阶传声筒

一、活动步骤

1．请你寻找 3~5 个家人自行组成 2 组进行 PK，每个组派一个观察者，负责观看同一图像。

2．完成观察记忆后，观察者回到小组内并向成员描述所观看的图像，成员们则根据描述画出图像。

二、活动思考

1．明明画的是同一个图像，为什么 2 个小组画出来的图像有如此大的差别呢？

2．活动令人反思：在日常沟通中，我们要注意些什么？

三、知识分享

沟通是相互的，任何信息都需要双向确认，即确认：我方所表达的，对方能听得懂；对方接收的，正是我方想表达的。单向、未经确认的信息容易让沟通双方产生误解。

生涯拓展

乔哈里视窗

乔哈里视窗理论认为，一个人的认知背景可以分为4个区域，分别是公开区（自己与他人都知道的）、隐蔽区（自己知道，但别人不知道的）、盲目区（别人知道，但自己不知道的）和未知区（自己和他人都不知道的）。

沟通视窗	自己知道	自己不知道
别人知道	公开区	盲目区
别人不知道	隐蔽区	未知区

真正有效的沟通，是在双方的公开区内进行的。因为在此区域内，双方交流的资讯是可以且自愿共享的，沟通的效果是会令双方满意的。所以你和他人的公开区越大，就相当于你们彼此越了解，沟通的效果会越好。如果我们处在不同的区域，但为了达成更好的沟通效果，可以通过以下方式来扩大自己的公开区。

1. 隐蔽区：自我暴露，主动向他人袒露自己的故事、经历及想法，让别人多了解自己。

2. 盲目区：请教反馈、积极求问、主动获取。

3. 未知区：共享，探索发现。

每个人的成长，都是公开区不扩放大的过程。在此期间，我们收获的不仅是对他人的了解、亲近与关心，更重要的是与他人之间的互相尊重和信任。

9 语言表达技巧

生涯寄语

一般的人都用语言来表达交流思想，而聪明的人则用它来掩饰思想。

——佚名

思考？

表达不仅是一门技术，更是一门艺术。你有想过怎样提高自己的表达能力吗？

生涯故事

不会说话的主人

很久以前，在一个村庄里有一个远近闻名的财主。他从不思考自己所说的话，为此得罪了不少人。

有一天，这个财主设宴请客。桌上摆满了鸡鸭鱼肉、山珍海味。客人来了不少，可能是他希望来的几位客人还没有到。于是他非常失望，不假思索地自言自语道："该来的怎么还不来呢？"客人们一听，心里凉了一大截："什么叫该来的没来，难道我们是不该来的吗？"一半的客人坐不住了，于是他们连饭都没有吃就走了。

财主看到这么多人不辞而别，心里十分着急，又随口说道：“哎呀，不该走的倒走了！”剩下的人听了，心里十分生气：“不该走的走了。这么说来，我们这些该走的反而赖在这儿了？”于是，又有三分之二的客人不辞而别。

这下可没剩下几个客人了。财主一看更着急了：“这！这！我说的不是他们啊！” 最后的几个客人听到主人这么说还能坐得住吗？“不是说他们，那当然是说我们了！”他们也气冲冲地打道回府了。结果，宾客全都走光了，只剩下财主一人站在那儿干着急。

财主无意间气走了所有的客人。真是不会说话惹的祸呀！

思考？

你如果遇到故事中的情况，应该怎么说话呢？你是否也和这个财主一样，有时候词不达意导致说出来的话事与愿违？

生涯导航

表达的定义

表达是将思维所得的成果用语言等方式反映出来的一种行为。表达以交际、传播为目的，以物、事、情、理为内容，以语言为工具，以听者、读者为接收对象。巴金在《我和文学》中写道：“我正是因为不善于讲话，有感情表达不出来，才求助于纸笔，用小说的情景发泄自己的爱和恨，从读者变成了作家。”

语言表达的六个技巧

语言表达有六个技巧，分别是：了解听众群体、满足听众的需求、表达内容易懂、融入真实情感、建立互动的机会、保持自信。语言表达能力具体指用词准确，语义明了，结构妥帖，语句简洁，文理贯通，语言平易，合乎规范，能把客观概念表述得清晰、准确、连贯、得体，没有语病。

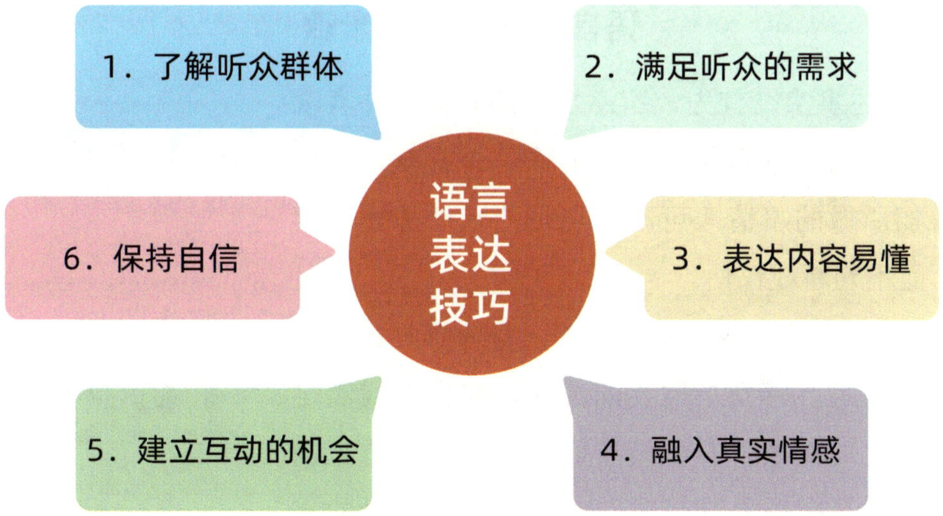

语言表达技巧

1．了解听众群体。在需要公开发表意见的时候，首先要对你的听众群体有所了解，针对他们的特征，然后再讲述自己所要表达的内容。

2．满足听众的需求。在表达的过程中，一定要结合听众需求来表达，在互动的过程中，听众的疑问部分，最好能够慢慢地详解，这样才能够达到一定的沟通效果。

3．表达内容易懂。对于你所要表达的内容，一定要浅显易懂，千万不要太过于官方，这样听众才能够对你的陈述感兴趣，不然会导致你的表达没有效果。

4．融入真实情感。如果你所要表达的内容没有什么感情在里面，这会让人觉得你表达的内容枯燥，甚至还可能出现听众中途离场的情况。结合真实案例分享才是最正确的。

5．建立互动的机会。在表达中，一定要创造一些互动的机会，只有这样才会加深听众的印象，也能够密切你们彼此的关系。这对于提升自信也有很大的帮助。

6．保持自信。在语言表达的过程中，不需要很多华丽的技巧，但你必须足够自信，不管出现什么状况你都要能够保持理智分析原因，然后找出正确表达方式。这样久而久之你的表达气场就会变得更加强大。

语言表达的四个步骤

1．陈述事实。首先，留意发生的事情，并客观阐述“我此刻观察到什么”。不管是否喜欢，只要说出人们所做的事情即可。要点是清楚地陈述观察结果，而不判断或评估。

2．表达感受。感受是指情感、身体感觉、心情或者精神状态。感受是需要的灵魂，它告诉我满足或者未满足的需要，感受没有好坏之分，没有正向负向之分，只有需要满足时和需要没有满足时的感受之分。可以使用以下句子表达，例如“我感觉很难受，因为我看到了……”“我很开心，我看到了你的进步！”，等等。

3．明确需要。在表达完感受后，说出哪些需要（或价值、愿望）导致那样的感受。

4．表达请求。明确地把具体的请求告知他，并告诉他自己期待他采取何种行动。

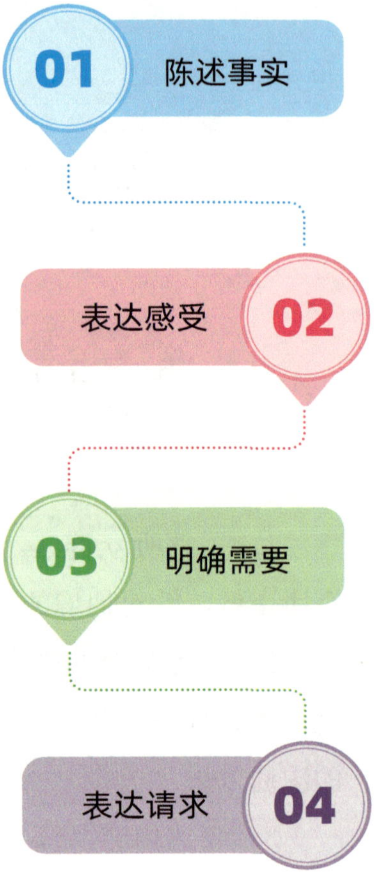

语言表达四步骤

思考？

如果周末你的好朋友约你出去玩，但是你想在家里看电影，你应该如何委婉地拒绝好朋友的邀请呢？

生涯体验

练习表达四步骤

通过理解和学习沟通中的“表达四步骤”（陈述事实—表达感受—明确需要—表达请求），请你尝试在生活的具体情境下，多多练习实践。

情景一：学校举办足球比赛，你和小林都是核心队员。临近比赛，小林却因为有其他事情不能参加训练，这很可能会影响比赛的结果。作为队长，你非常希望比赛能赢，你会怎么劝小林呢？

情景二：你和好朋友约定周末一起去看电影。星期五晚上，他却突然跟你说有事去不了。这时你会对他说什么？

表达四步骤

陈述事实	
表达感受	
明确需要	
表达请求	

生涯拓展

书籍推荐：《学会表达　懂得沟通》

作者：丁艳丽

推荐理由：是否具有很强的语言表达能力和说话技巧，能否把话说到心坎里、把话说到点子上，对于我们每一个人来说都是至关重要的。说话说到心坎里，说起来简单，但做起来却并不那么容易。只有从生活的实践中不断地锤炼自己，从说话的多少、详略、分寸上下功夫，从表达的缓急、深浅、尺度上做文章，才能逐步掌握说话的诀窍和学问。作者通过具体生动的故事及评析，阐明了说话的技巧和方法，语言通俗，让读者在轻松愉悦的阅读中学习说话的智慧。

开动脑筋

找机会看看《学会表达　懂的沟通》这本书。联系你的生活实际，想一想如何进行有效沟通。

10 体验兴趣职业

生涯寄语

知识是珍宝，但时间是得到它的钥匙。

——[英]托马斯·富勒

思考？

纸上得来终觉浅，绝知此事要躬行。你有体验过自己感兴趣的职业吗？

生涯故事

走进你们的职业生活

你是否想象过自己将来会从事什么职业？工作环境又是怎么样的？这项工作的发展前景怎样？……怀揣着种种期待与好奇，我校初一、初二级学生在假期里走出校园，与父母一起探索现实中的职业世界。在与家人沟通后，同学们选择一位家人进行跟岗，真实地参与职场生活，体会工作中的苦辣酸甜。

小A同学在深思熟虑后，决定跟随妈妈一同体验教师的工作，作为小助手以辅助教师完成教学任务。起初，她以为这份工作不过是简单地“在旁辅助，观察学生”。然而真正融入其中后，她才深刻体会到了其中的责任与挑战。

在筹备教学辅助材料的过程中，小A同学发现每一个细节都至关重要。她需要精确计算班上学生所需材料的数量，并考虑什么情况发放材料。站在教室的一角，她不仅是一个观察者，更是一个积极的参与者。她时刻关注着学生的反应，与老师紧密合作，确保教学流畅进行；协助老师解答学生的疑惑，同时鼓励他们勇于提问、深入探索……这些都让她深切体会到了教师的耐心和爱心，也看到了学生成长的点滴。

在活动记录表中，小A同学这样写道：“这次体验让我对教师助教的工作有了全新的认识。我深刻体会到了其中的责任与不易，也更加敬佩那些默默奉献、辛勤耕耘的老师。我认识到，无论是作为助教还是未来的教师，都需要全身心投入，专注于自己的职责，将每一件事都做到最好。这次体验更加坚定了我未来要成为一名优秀教师的决心。我将持续努力学习，争取考上师范大学，为实现我的教师梦想而不断奋斗。”

思考？

如果现在给你一次选择机会，你打算参与什么类型的职业体验活动？

生涯导航

职业体验与工匠精神

初中生参与职业体验活动，能探索自己的职业兴趣、能力倾向和了解社会对职业的能力要求，以此来明确未来职业发展的方向。所谓职业体验，是指在真实或模拟的职业环境中，我们提前了解相关职业的实际工作内容，亲身参与实际工作，探索职业世界，为未来的生涯规划做好准备。

工匠精神的内涵是指工匠对自己的产品精雕细琢，对精品有着极致的坚持和追求，是一种精益求精的精神理念。工匠精神的目标是打造行业最优质的产品，超越同行。

鲁国木匠梓庆，用木头雕刻的鐻（读 jù，一种乐器）异常精美。鲁王召见梓庆时问他其中的奥妙。梓庆谦逊地说他只是一个木匠，哪有什么奥妙。不过在做工前，他斋戒七天静养聚气，沉静心灵，然后进入山林，选择好质地、外形与鐻最相合的木料，又将全部心血凝聚于此，专心致志，精雕细琢，器物精妙似鬼神之工。这就是两千多年前中国匠人的精神境界与风骨。

我国《2016 年国务院政府工作报告》中提到：鼓励企业开展个性化定制、柔性化生产，培育精益求精的工匠精神，增品种、提品质、创品牌。这是“工匠精神”首次出现在政府工作报告中，令人耳目一新，不禁更期待未来的职业发展道路。

思考？

你在生活中遇到过具有工匠精神的人吗？他们是怎么工作的？

生涯体验

亲子职业体验活动

初中生正处于生涯探索的关键阶段，也是梳理生涯规划观念的重要时期。对未来充满了好奇和憧憬的我们，都渴望探究真实的社会生活。在此阶段，如果我们对真实的职业世界有所了解，便能清晰认识到现在的学习对今后的工作的影响，并更好地做出学习和未来职业发展规划。

我们可以利用周末或者假期，在父母的支持与组织下，到自己感兴趣的职业环境中进行至少一天的职业体验，沉浸式地参与其中，并将跟岗的经历和感想总结起来，写一份职业体验报告，包括行程安排、体验内容、实践感受等。

1．行程安排：时间、地点、工作环境……

2．体验内容：工作要求、操作流程、工作时长……

3．实践感受：对该职业的兴趣度、从事该职业所要具备的能力，如果你要从事该职业要做哪些准备，其他收获与感悟……

生涯拓展

职业认知：一流员工的十大职业素养[1]

1. 敬业：只有善待你的岗位，你的岗位才能善待你。
2. 发展：与单位的需求挂钩，才会一日千里。
3. 主动：从要我做到我要做。
4. 责任：会担当才会有大发展。
5. 执行：保证完成任务。
6. 品格：小胜凭智，大胜靠德。
7. 绩效：不重苦功重劳功。
8. 协作：在团队中实现最好自我。
9. 智慧：有想法更要有办法。
10. 形象：你就是单位的品牌。

[1] 郑春雨．大学生职业生涯规划与辅导——情境训练实用教程［M］．北京：电子工业出版社，2011：266.

11 探索职业信息

生涯寄语

信息是用来消除随机、不确定性的东西。

——[美]克劳德·艾尔伍德·香农

思考?

了解职业信息对个人职业生涯的选择起到重要的作用。你知道如何快速有效地收集职业信息吗?

生涯故事

小A的求职之路

大四学生小A即将结束他在大学的四年时光。面对即将到来的毕业实习，他意识到自己缺乏企业重视的专业实习经验。带着对未来的不确定和希望，小A独自前往外地寻找工作机会。

一开始，小A对自己希望求职的行业和岗位的了解相对有限，这让他在面试中不够自信，也难以准确地展示自己的能力和潜力，因此在求职过程中连连遭遇挫折。但他没有放弃，而是从每次失败的面试中汲取教训，不断提升自己。

小A开始积极地从各种渠道搜集职业信息。他不仅利用网络资源，如

LinkedIn、实习僧网站、智联招聘等平台了解不同行业的发展趋势和岗位要求，还主动参加了学校的职业规划讲座和招聘会，与行业内的专业人士进行交流，获取第一手行业资讯。

通过对职业信息的深入研究，小 A 逐渐明确了自己的职业定位和发展方向。他开始有针对性地准备面试，如模拟面试、研究公司背景、了解行业动态等，这让他在面试中显得更加从容和专业。在实习僧网站上，他偶然发现了科大讯飞的英语实习生招聘信息，但他并没有盲目地投递简历。相反，他先是仔细研究了科大讯飞的企业文化、业务范围以及该岗位的具体要求。他甚至联系了在科大讯飞工作的校友，询问了实习生的日常工作内容和公司对实习生的期望。在一切准备就绪后，小 A 将精心修改后的简历投递出去，并很快获得了面试机会。

通过充分的准备，小 A 在面试时展现出了对岗位的深刻理解和浓厚兴趣。这无疑加分不少。最终，小 A 的努力得到了回报，他不仅在科大讯飞获得了实习机会，而且在实习期间他继续利用自己的信息收集能力主动了解公司的新项目和技术动态，这使得他能够快速适应工作环境，成为一个出色的实习生。最终，小 A 成功转正成为科大讯飞的一名员工。他不断地努力学习，积极融入团队，展现出出色的工作能力。

思考？

小 A 的求职之路是怎样由模糊到清晰的呢？他做了哪些积极的准备工作让他能在最终的面试中脱颖而出？尝试找出有效的信息吧！

生涯导航

如何有效地收集职业信息

在初中的生涯活动课上，李老师为大家布置了一个头脑风暴任务——如何有效地收集职业信息。同学们对此展开了热烈的讨论。

小明首先发言："我们可以利用网络平台来搜集职业信息。比如说，'智联招聘'就提供了大量职位信息和行业动态，在'BOSS 直聘'上可以直接与招聘者沟通，还有'前程无忧'也是一个不错的选择，上面有职业发展指导和薪资分析。"

小华接着说："我们学校的职业规划社团定期会邀请各行各业的专业人士来做分享。通过这种方式，我们可以直接向他们了解不同职业的实际情况。"

小丽和小红几乎同时开口，小丽说："我觉得我们还可以直接去参观现场的职业招聘会，那里有各种行业的展位，可以收集到最新的职业信息。"小红补充道："对！还有各企业宣讲会和各个行业的工作坊，我们可以在那里听取各个行业资深人士的意见。若有机会能与他们面对面交流，提出自己感兴趣的问题，那就更好啦！"

小刚思考了一下，提出了自己的建议："我们也可以查阅学校图书馆的资源，那里有许多关于职业发展的书籍和期刊。此外，我建议我们还可以建一个信息共享板，大家可以把收集到的有用信息贴在上面，共同参考。"

李老师听完同学们的发言后，给出了指导性的建议："你们提到的方法都很有价值。在收集信息的时候，要注意分辨信息的真实性和时效性。例如，了解一个职业时，要关注它的教育要求、工作内容、所需能力以及职业道德规范要求。还要考虑职业的发展前景，比如未来的就业趋势和可能的晋升路径。这样，我们可以更全面、更深入地了解我们感兴趣的职业。”

思考？

你还知道别的收集职业信息的渠道吗？

生涯体验

生涯人物采访活动

请你设计一份职业采访单。你可以思考对某职业感兴趣的问题，形成采访提纲，注意问题要能探究职业特点、所需技能和工作体验等方面，并在课后尝试采访一位在该职业中的资深人士。可参考的采访单如下。

职业采访单

1. 采访人的基本信息：

姓名__________ 性别________ 班级_______ 学号__________

2. 与被采访人的关系：____________________

3. 被采访人的职业和专业：____________________

4. 被采访人当初选择该职业的想法：____________________

5. 被采访人工作的具体内容和特点：____________________

6. 被采访人认为从事其职业应具备的能力：____________________

7. 被采访人一天的工作情况：____________________

8. 本次访谈带给采访人的启示和感悟：____________________

9. 了解完该工作后，你对该工作有多向往？

□非常不向往　□不向往　□一般

□向往　□非常向往

10. 补充问题：

______

完成采访后，尝试参考以下内容撰写一份职业信息报告。

1. 关键信息。尝试概述采访中获得的重要职业信息，包括职业角色、必备技能和日常工作内容。

2. 自我反思。评估采访所获得的信息对个人规划的影响，可以从被采访的人士与自身找到未来职业目标的契合点和不同之处。

3. 未来计划。基于本次采访所学到的经验，制定简要的个人生涯发展目标，并思考如何将所学到的新知识应用于个人发展当中。

生涯拓展

综艺推荐：《令人心动的offer》

导演： 陈平

推荐理由：《令人心动的offer》是一部职场观察类真人秀节目，以8位实习生的职场生活为主线，展现他们在律师事务所的实习过程。节目中，实习生们需要面对各种复杂的法律案例，通过团队合作和独立思考，逐步提升自己的专业素养和实践能力。节目不仅关注实习生的个人成长，还展现了职场人际交往和企业文化的影响。通过观察实习生们的面试、实习和生活，观众可以了解职场的真实面貌，对自己的职业规划和发展方向有更清晰的认识。

节目中邀请了知名律师、企业高管等职场精英担任导师。他们对实习生们的表现进行点评和指导，分享自己的职场经验。节目中的实习生们来自不同专业，有不同背景和年龄，他们的故事和成长经历也为观众提供了广泛的启示。在娱乐的同时，观众可以从中汲取职场智慧，激发自己的职业追求。

无论是对即将步入职场的年轻人，还是已在职场的人士，《令人心动的offer》都具有很好的借鉴和学习价值。通过本节目学生可以了解到各种职业的特点和要求，对自己的职业规划有更清晰的认识，从而在职场中找到适合自己的发展方向，并在轻松愉快的氛围中，汲取职场智慧，实现自己的职业理想。

开动脑筋

找机会看看《令人心动的offer》这部综艺，说说你从中受到的启发。